NAJLEPSZA KSIĄŻKA KUCHENNA Z SEREM FETA

Podróż do świata sera Feta. Odkrywanie pysznych przepisów i inspirujących technik

Natasza Sikorska

Prawa autorskie ©2023

Wszelkie prawa zastrzeżone

Żadna część tej książki nie może być wykorzystywana ani rozpowszechniana w jakiejkolwiek formie i w jakikolwiek sposób bez odpowiedniej pisemnej zgody wydawcy i właściciela praw autorskich, z wyjątkiem krótkich cytatów użytych w recenzji. Niniejsza książka nie powinna być traktowana jako substytut porady lekarskiej, prawnej lub innej porady zawodowej.

SPIS TREŚCI

ZAWARTOŚĆ 3
WSTĘP 6
ŚNIADANIE 7
1. Naleśniki z fetą i oliwkami 8
2. Shakshuka pieczona w piecu opalanym drewnem 10
3. Gofry ze szpinakiem i fetą 12
4. Omlet z sufletem z fetą i suszonymi pomidorami 14
5. Omlet z krewetkami i szpinakiem 16
6. Okład z omletu śródziemnomorskiego 18
7. Ravioli ze szpinakiem, jajkiem i fetą 20
8. Mieszanka ravioli i szpinaku 22
9. Rogaliki ze szpinakiem i fetą 24
10. Omlet z miętą i fetą 26
11. Frittata z suszonymi pomidorami i serem feta 28
12. Miska śniadaniowa z suszonymi pomidorami i fetą 30
13. Acharuli chaczapuri 32
14. Pączki ze szpinakiem i fetą 35
15. Oregano i Feta Biscotti 37
16. Biscotti ze szpinakiem i fetą 39
17. Warstwy jaj i karczochów 41
CHLEB 43
18. Tiropsomo 44
19. Tiropita 47
20. Gözleme 49
21. Poğaça 52
22. Dakos 55
23. Eliopsomo 57
PIZZA I PIZZETKI 59
24. Pizza z tuńczykiem, caponatą i prosciutto 60
25. Pizzettes z figami, cebulą i mikrogreenami 62
26. Pizza pełnoziarnista z pieczonymi brokułami i cytryną 65
27. Pizza śródziemnomorska 67
28. Pizza grecka 69
29. Pizzette ze szpinakiem i fetą 71
30. Pizza z Pieczonymi Warzywami i Fetą 74
PRZEKĄSKI I PRZYSTAWKI 77
31. Kanapki ze szparagami i fetą 78

32. Kulki z oliwek i fety 80
33. Wiatraczki ze szpinakiem i fetą 82
34. Bruschetta z miętą i fetą 84
35. Papryka faszerowana miętą i fetą 86
36. Dip z suszonych pomidorów i sera feta 88
37. Placuszki z ryżu, bakłażana i fety 90
38. Greckie nachos z kurczakiem 92
39. Bruschetta ze smoczych owoców 94
40. Bruschetta z Oliwki 96
41. Quiche ze szpinakiem i fetą wonton 98
42. Pieczony burak czerwony z fetą i dukką 100
Wrapy i kanapki 102
43. Pita, pesto i parmezan 103
44. Okład z suszonych pomidorów i fety 105
45. Greckie burgery z indykiem 107
46. Śródziemnomorski Wrap Warzywny 109
47. Kanapka z sałatką z grillowanym kurczakiem i fetą 111
48. Śródziemnomorski burger z grzybami Portobello 113
49. Grecki kurczak Pita 115
50. Burger z indyka nadziewany fetą i szpinakiem 117
51. Wrap z kurczakiem Caprese 119
52. Burger z grzybami Portobello nadziewany fetą i szpinakiem ... 121
53. Wrap z sałatką grecką z ciecierzycy 123
54. Kanapka z piersią kurczaka nadziewaną fetą i szpinakiem: ... 125
DANIE GŁÓWNE 127
55. Marokańska lasagne jagnięca 128
56. Grecka lasagne musaka 131
57. Lasagne z czterema serami 134
58. Lasagne z fetą i oliwkami 136
59. Małże bazyliowe Puttanesca 138
60. Kurczak nadziewany suszonymi pomidorami i szpinakiem .. 140
61. Suszone pomidory i feta Portobellos 142
62. Placek z tuńczyka z suszonymi pomidorami i fetą 144
ZUPY 146
63. Zupa Brokułowa Mikrozielona Z Fetą 147
64. Zupa serowa i makaron ze szpinakiem i fetą 151
65. Zupa Pomidorowa i Feta 147
66. Zupa szpinakowa i feta 153

67. Zupa z pieczonej czerwonej papryki i fety 155
68. Zupa z soczewicy i fety 157
SAŁATKI 159
69. Sałatka Pomidorowa Z Grillowanym Chlebem 160
70. Sałatka Śródziemnomorska Gnocchi 162
71. Sałatka ze szpinakiem i fetą gnocchi 164
72. Sałatka ze szparagami i komosą ryżową 166
73. Sałatka z homara, fety i ravioli 168
74. Sałatka Cezara z pieca opalanego drewnem 170
75. Sałatka z hibiskusa i komosy ryżowej 172
76. Sałatka z arbuza i rzodkiewki Microgreens 174
77. Sałatka grecka ravioli 176
78. Miętowa sałatka arbuzowa 178
79. Sałatka miętowo-pomarańczowa 180
80. Sałatka z suszonych pomidorów i fety 182
81. Sałatka grecka z makaronem i serem 184
82. Sałatka z grillowanego arbuza 186
83. Sałatka z grillowanymi brzoskwiniami i rukolą 188
84. Sałatka z smoczych owoców i komosy ryżowej 190
85. Sałatka Truskawkowa Amaretto 192
86. Sałatka grecka Wonton 194
87. Sałatka pietruszkowo-ogórkowa z fetą 196
88. Sałatka Jesienna Z Jagodami Goji 198
PRZYPRAWY I DODATKI 200
89. Załadowane frytki greckie 201
90. Karczochy jerozolimskie z granatem 203
91. Serowe pesto z karczochów 205
92. Szpinak i ziemniaki 207
DESER 209
93. Arbuz i mikrozielone Verrines 210
94. Spanakopita nadziewana mikrogreenami 212
95. Ciasto garnkowe w stylu libańskim 214
96. Chrupki ze szpinakiem i fetą 216
97. Fondue z serem feta i ricotta 218
98. Ciasto ziołowe 220
99. Burki 223
100. Śródziemnomorska tarta serowa 226
WNIOSEK 229

WSTĘP

Witamy w urzekającej krainie sera feta! W tej książce kucharskiej zapraszamy Cię do kulinarnej przygody, w której pikantny, kremowy i solankowy smak fety zajmuje centralne miejsce. Od prostych sałatek i przystawek po obfite dania główne i pyszne desery, ser feta to wszechstronny składnik, który dodaje charakterystycznego akcentu każdemu daniu.

Ser Feta, dzięki swojej bogatej historii i śródziemnomorskiemu dziedzictwu, podbił serca i podniebienia miłośników jedzenia na całym świecie. Znana ze swojej kruchej konsystencji i niepowtarzalnego smaku feta ma moc przekształcania zwykłych posiłków w niezwykłą ucztę. W tej książce kucharskiej celebrujemy urok i wszechstronność fety, przedstawiając szereg przepisów, które ukazują jej prawdziwy potencjał.

Na tych stronach odkryjesz skarbnicę pysznych przepisów, które odkrywają ser feta w całej okazałości. Od klasycznych dań greckich, takich jak spanakopita i sałatka grecka, po innowacyjne kreacje, takie jak burgery nadziewane fetą i desery z dodatkiem fety – stworzyliśmy kolekcję, która zaspokoi każdy gust i każdą okazję. Niezależnie od tego, czy jesteś wegetarianinem, miłośnikiem serów, czy po prostu osobą, która chce dodać smaku swoim posiłkom, w tej książce kucharskiej znajdziesz coś dla siebie.

Ale ta książka kucharska to coś więcej niż tylko zbiór przepisów. Zagłębiamy się także w fascynujący świat sera feta, dzieląc się jego historią, metodami produkcji oraz wskazówkami dotyczącymi wyboru i przechowywania tego ukochanego sera. Poprowadzimy Cię przez różne rodzaje fety i pomożemy zrozumieć, jak łączyć ją z innymi składnikami, aby stworzyć harmonijne profile smakowe. Dzięki naszym instrukcjom krok po kroku i wskazówkom kulinarnym w mgnieniu oka staniesz się koneserem fety.

Niezależnie od tego, czy organizujesz przyjęcie, szukasz inspiracji na rodzinny posiłek, czy po prostu pragniesz smaku Morza Śródziemnego, niech NAJLEPSZA KSIĄŻKA KUCHENNA Z SEREM FETA będzie Twoim przewodnikiem. Przygotuj się na odkrycie różnorodnych kulinarnych możliwości sera feta i wznieś swoje gotowanie na nowy poziom smaku i ekscytacji.

ŚNIADANIE

1.Naleśniki z fetą i oliwkami

SKŁADNIKI:
- 1 Mąkę o wszechstronnym przeznaczeniu
- 1 łyżka cukru
- 1 łyżeczka proszku do pieczenia
- ½ łyżeczki sody oczyszczonej
- ¼ łyżeczki soli
- 1 szklanka maślanki
- 1 duże jajko
- 2 łyżki roztopionego masła
- ½ szklanki pokruszonego sera feta
- ¼ szklanki posiekanych czarnych oliwek

INSTRUKCJE:

a) W misce wymieszaj mąkę, cukier, proszek do pieczenia, sodę oczyszczoną i sól.
b) W osobnej misce wymieszaj maślankę, jajko i roztopione masło.
c) Wlać mokre składniki do suchych i wymieszać tylko do połączenia.
d) Dodać pokruszony ser feta i pokrojone czarne oliwki.
e) Rozgrzej patelnię lub patelnię z powłoką nieprzywierającą na średnim ogniu i lekko ją natłuść.
f) Wlać ¼ szklanki ciasta na patelnię na każdy naleśnik. Smaż, aż na powierzchni pojawią się bąbelki, następnie odwróć i smaż przez kolejne 1-2 minuty.
g) Powtórz z pozostałym ciastem.
h) Podawaj naleśniki posypane pokruszonym serem feta i posiekanymi oliwkami.

2. Shakshuka pieczona w piecu opalanym drewnem

SKŁADNIKI:
- ½ szklanki pokrojonej w kostkę białej cebuli
- 3 ząbki czosnku, pokrojone w kostkę
- 1 szklanka pokrojonych w kostkę świeżych i czerwonych pomidorów
- 2 łyżki sosu pomidorowego
- 3 jajka
- Sól morska i czarny pieprz
- 1 łyżka ulubionej przyprawy
- 1/2 szklanki pokruszonej fety.
- Czarne oliwki
- Pietruszka
- 2 łyżki oliwy z oliwek

INSTRUKCJE:
a) Na żeliwnej patelni rozgrzej 2 łyżki oliwy z oliwek i dodaj pokrojoną w kostkę cebulę i czosnek.
b) Piec przez 5-6 minut w nagrzanym piekarniku opalanym drewnem.
c) Wymieszaj 2 łyżki sosu pomidorowego i świeże pomidory. Doprawić solą, czarnym pieprzem i innymi przyprawami.
d) Dokładnie wymieszaj i włóż ponownie do piekarnika na około 5 minut lub do czasu, aż mieszanina pomidorów zgęstnieje i zaklei się.
e) Używając rękawic żaroodpornych, ostrożnie wyjmij żeliwo z piekarnika.
f) Zrób mały otwór w żeliwnej patelni i ostrożnie umieszczaj po jednym jajku w różnych miejscach.
g) Dodać pokruszoną fetę i oliwki, posypać jajka szczyptą soli i pieprzu.
h) Po raz ostatni włóż żeliwo do gorącego pieca opalanego drewnem, aby zakończyć gotowanie jajek.

3.Gofry ze szpinakiem i fetą

SKŁADNIKI:
- 2 filiżanki mąki uniwersalnej
- 2 łyżki granulowanego cukru
- 1 łyżka proszku do pieczenia
- ½ łyżeczka soli
- 2 duże jajka
- 1 ¾ szklanki mleka
- ⅓ szklanka niesolonego masła, roztopionego
- 1 szklanka świeżego szpinaku, posiekanego
- ½ szklanka pokruszonego sera feta
- ¼ łyżeczka czosnku w proszku (opcjonalnie)
- Świeżo zmielony czarny pieprz do smaku

INSTRUKCJE:
a) Rozgrzej gofrownicę zgodnie z instrukcją producenta.
b) W dużej misce wymieszaj mąkę, cukier, proszek do pieczenia i sól.
c) W osobnej misce ubij jajka. Dodajemy mleko i roztopione masło. Ubijaj, aż dobrze się połączą.
d) Wlać mokre składniki do suchych i wymieszać tylko do połączenia. Nie przesadzaj; kilka grudek jest w porządku.
e) Do ciasta dodaj posiekany szpinak, pokruszony ser feta, proszek czosnkowy (jeśli używasz) i czarny pieprz.
f) Lekko nasmaruj gofrownicę sprayem kuchennym lub posmaruj roztopionym masłem.
g) Wlać ciasto na rozgrzaną gofrownicę, stosując zalecaną ilość w zależności od wielkości gofrownicy. Zamknij pokrywkę i smaż, aż gofry staną się złotobrązowe i chrupiące.
h) Ostrożnie wyjmij gofry z żelazka i przenieś je na metalową kratkę, aby lekko ostygły.
i) Powtarzaj tę czynność z pozostałym ciastem, aż wszystkie gofry będą upieczone.

4. Omlet z sufletem z fetą i suszonymi pomidorami

SKŁADNIKI:

- 3 jajka średniej wielkości; rozdzielony
- 1 łyżka wody
- 2 łyżeczki pasty z suszonych pomidorów
- 25 gramów masła; (1 uncja)
- ½ opakowania sera feta 200 g; pokroić w małą kostkę
- 3 suszone pomidory; grubo posiekane
- 4 czarne oliwki; pokroić w ćwiartki
- 15 gramów świeżej bazylii; grubo posiekane
- Sól i świeżo zmielony czarny pieprz

INSTRUKCJE:

a) Wymieszaj żółtka z wodą. Białka ubijamy na jasną i puszystą masę, łączymy z żółtkami. Wymieszaj koncentrat pomidorowy.
b) Na patelni rozgrzej masło, aż będzie gorące. Wlej masę jajeczną i gotuj, aż masa będzie twarda na górze i miękka w środku.
c) Na jedną połowę omletu ułożyć ser, suszone pomidory, oliwki, świeżą bazylię i przyprawy, a drugą połowę przykryć, tworząc pokrywkę.
d) Przełożyć na talerz i natychmiast podawać.

5.Omlet z krewetkami i szpinakiem

SKŁADNIKI:
- 4 duże jajka
- 1/2 szklanki gotowanych krewetek, obranych i oczyszczonych
- 1 szklanka świeżych liści szpinaku
- 1/4 szklanki pokruszonego sera feta
- Sól i pieprz do smaku
- 1 łyżka oliwy z oliwek

INSTRUKCJE:
a) W misce roztrzep jajka, dopraw solą i pieprzem.
b) Rozgrzej oliwę z oliwek na patelni na średnim ogniu.
c) Dodaj liście szpinaku na patelnię i smaż, aż zwiędną.
d) Dodaj ugotowane krewetki na patelnię i smaż przez kolejną minutę.
e) Wlać roztrzepane jajka na patelnię, upewniając się, że równomiernie pokrywają krewetki i szpinak.
f) Pozostaw omlet na wolnym ogniu przez kilka minut, aż zacznie twardnieć.
g) Delikatnie unieś brzegi omletu szpatułką i przechyl patelnię, aby surowe jajka wypłynęły na brzegi.
h) Posyp pokruszonym serem feta na połowie omletu.
i) Kontynuuj gotowanie, aż omlet się zetnie, ale w środku będzie nadal lekko płynny.
j) Ostrożnie złóż omlet na pół i przełóż go na talerz.
k) Podawać na gorąco.

6.Okład z omletu śródziemnomorskiego

SKŁADNIKI:

- 3 duże jajka
- 1/4 szklanki pokrojonych w kostkę pomidorów
- 1/4 szklanki pokrojonego w kostkę ogórka
- 1/4 szklanki pokruszonego sera feta
- 1 łyżka posiekanej świeżej natki pietruszki
- Sól i pieprz do smaku
- Oliwa z oliwek
- Okład z tortilli

INSTRUKCJE:

a) Jajka wbij do miski i ubijaj, aż zostaną dobrze ubite. Doprawić solą i pieprzem.
b) Na patelni na średnim ogniu rozgrzej odrobinę oliwy z oliwek.
c) Na patelnię wrzucamy pokrojone w kostkę pomidory oraz ogórek i smażymy, aż lekko zmiękną.
d) Wlać roztrzepane jajka na patelnię i smażyć, delikatnie mieszając i mieszając, aż się zetną.
e) Ugotowany omlet posyp pokruszonym serem feta i posiekaną świeżą pietruszką.
f) Umieść mieszankę omletową na środku tortilli.
g) Złóż boki tortilli na omlet i mocno zwiń.
h) Opcjonalnie: Podgrzej wrap na patelni lub dociśnij, aż będzie ciepły i lekko chrupiący.
i) W razie potrzeby przekrój wrap na pół i podawaj.

7.Szpinak, jajko i Ravioli z Fetą

SKŁADNIKI:
- 1 opakowanie opakowań ravioli
- 2 szklanki świeżego szpinaku, posiekanego
- ½ szklanki pokruszonego sera feta
- 2 ząbki czosnku, posiekane
- 1 łyżka oliwy z oliwek
- Sól i pieprz do smaku
- Jajka w koszulce (opcjonalnie)

INSTRUKCJE:
a) Na patelni rozgrzej oliwę z oliwek na średnim ogniu. Dodaj posiekany czosnek i smaż przez minutę, aż zacznie pachnieć.
b) Na patelnię wrzucamy posiekany szpinak i smażymy, aż zwiędnie. Doprawić solą i pieprzem.
c) Zdejmij patelnię z ognia i poczekaj, aż mieszanina szpinaku lekko ostygnie. Wmieszać pokruszony ser feta.
d) Nałóż łyżkę mieszanki szpinaku i fety na opakowanie ravioli. Złóż opakowanie i dociśnij krawędzie, aby je zamknąć.
e) Powtórzyć proces z pozostałymi opakowaniami i nadzieniem.
f) Gotuj ravioli zgodnie z instrukcją na opakowaniu lub do momentu, aż wypłyną na powierzchnię.
g) W razie potrzeby podawaj ravioli śniadaniowe ze szpinakiem i fetą z jajkami w koszulce.

8.Mieszanka ravioli i szpinaku

SKŁADNIKI:
- 1 opakowanie ravioli serowego lub szpinakowego
- 6 jajek, ubitych
- 1 szklanka świeżych liści szpinaku
- ¼ szklanki pokrojonych w kostkę pomidorów
- ¼ szklanki pokruszonego sera feta
- Sól i pieprz do smaku

INSTRUKCJE:
a) Ugotuj ravioli zgodnie z instrukcją na opakowaniu. Odcedź i odłóż na bok.
b) Na patelni, na średnim ogniu, rozbełtaj jajka.
c) Na patelnię dodaj ugotowane ravioli, świeże liście szpinaku, pokrojone w kostkę pomidory i pokruszony ser feta.
d) Doprawić solą i pieprzem.
e) Kontynuuj gotowanie i mieszanie, aż szpinak zwiędnie, a składniki dobrze się połączą.
f) Podawaj gorące ravioli i szpinakową jajecznicę.

9.Rogaliki Ze Szpinakiem I Fetą

SKŁADNIKI:
- Podstawowe ciasto na croissanty
- 1 szklanka świeżego szpinaku, posiekanego
- 1/2 szklanki pokruszonego sera feta
- 1 jajko ubite z 1 łyżką wody

INSTRUKCJE:
a) Ciasto na croissanty rozwałkowujemy na duży prostokąt.
b) Ciasto pokroić w trójkąty.
c) Na każdym trójkącie ułóż posiekany szpinak i pokruszony ser feta.
d) Zwiń każdy trójkąt, zaczynając od szerszego końca, i uformuj półksiężyc.
e) Ułóż rogaliki na wyłożonej papierem blasze i odstaw do wyrośnięcia na 1 godzinę.
f) Rozgrzej piekarnik do 200°C i posmaruj rogaliki jajkiem.
g) Piecz rogaliki przez 20-25 minut, aż uzyskają złoty kolor i roztopiony ser.

10.Omlet z miętą i fetą

SKŁADNIKI:
- 2 jajka
- 1 łyżka masła
- 1 łyżka pokruszonego sera feta
- 1 łyżka posiekanych świeżych liści mięty
- Sól i pieprz do smaku

INSTRUKCJE:
a) W małej misce wymieszaj jajka, sól i pieprz.
b) Rozpuść masło na patelni z powłoką nieprzywierającą na średnim ogniu.
c) Wlać masę jajeczną na patelnię i wymieszać tak, aby pokryła dno.
d) Gotuj przez 2-3 minuty lub do momentu, aż dno się zetnie.
e) Połowę omletu posyp serem feta i listkami mięty.
f) Za pomocą szpatułki nałóż drugą połowę omletu na nadzienie.
g) Gotuj przez kolejne 1-2 minuty lub do momentu, aż ser się roztopi, a jajko będzie ścięte.
h) Podawaj natychmiast i ciesz się smakiem!

11. Frittata z suszonymi pomidorami i serem feta

SKŁADNIKI:

- 6 jaj
- ¼ szklanki pokruszonego sera feta
- 2 łyżki posiekanych suszonych pomidorów
- ¼ szklanki posiekanej świeżej pietruszki
- Sól i pieprz do smaku

INSTRUKCJE:

a) Rozgrzej piekarnik do 375°F.
b) W misce roztrzepać jajka z solą, pieprzem i natką pietruszki.
c) Wymieszać z serem feta i suszonymi pomidorami.
d) Rozgrzej 10-calową patelnię nadającą się do pieczenia w piekarniku na średnim ogniu.
e) Wlać mieszaninę jajek na patelnię i smażyć przez 5 minut.
f) Włóż patelnię do piekarnika i piecz przez 10-15 minut, aż frittata się zetnie.

12. Miska śniadaniowa z suszonymi pomidorami i fetą

SKŁADNIKI:
- 1 szklanka ugotowanej komosy ryżowej
- 2 jajka
- ¼ szklanki pokruszonego sera feta
- 2 łyżki posiekanych suszonych pomidorów
- Sól i pieprz do smaku

INSTRUKCJE:
a) W misce roztrzep jajka solą i pieprzem.
b) Rozgrzej patelnię z powłoką nieprzywierającą na średnim ogniu.
c) Wlać jajka na patelnię i smażyć, aż zrobią się jajecznice.
d) W osobnej misce wymieszaj komosę ryżową, ser feta i suszone pomidory.
e) Na mieszaninę komosy ryżowej wyłóż jajecznicę.

13. Acharuli chaczapuri

SKŁADNIKI:
CIASTO
- 2 szklanki / 250 g mąki chlebowej
- 1 ½ łyżeczki szybko rosnących aktywnych suszonych drożdży
- 1 duże ubite jajko z wolnego wybiegu
- ½ szklanki / 110 g jogurtu greckiego
- ¼ szklanki / 60 ml letniej wody
- ½ łyżeczki soli

POŻYWNY
- 40 g sera Halloumi, pokrojonego w 0,5 cm kostkę
- 2 łyżki / 20 g pokruszonego sera feta
- ¼ szklanki / 60 g sera ricotta
- ¼ szklanki / 60 g sera ricotta
- ¼ łyżeczki mielonego czarnego pieprzu
- ⅛ łyżeczki soli i dodatkowo do wykończenia
- ½ łyżki posiekanego tymianku, plus trochę do posypania
- ½ łyżki zataru
- otarta skórka z ½ cytryny
- 6 dużych jaj z wolnego wybiegu
- oliwa z oliwek, do podania

INSTRUKCJE:
a) Zacznij od ciasta. Do dużej miski przesiać mąkę i dodać drożdże. Lekko wymieszaj. Zrób na środku dołek i wlej połowę jajka (drugą połowę zachowaj do późniejszego posmarowania bułek), jogurt i letnią wodę. Posyp solą wokół dołka.
b) Rozpocznij mieszanie, w razie potrzeby dodając odrobinę więcej wody (nie za dużo; ciasto powinno być suche), aż wszystko połączy się w szorstkie ciasto. Przełożyć na stolnicę i zagniatać ręcznie przez 10 minut, aż powstanie miękkie, elastyczne i nieklejące się ciasto. Ciasto włóż z powrotem do miski, przykryj ściereczką i pozostaw do wyrośnięcia w temperaturze pokojowej, aż podwoi swoją objętość, od 1 do 1,5 godziny.
c) Ugniataj ponownie, aby wypuścić powietrze. Ciasto podzielić na 6 równych części i każdą z nich uformować w kulkę. Ułożyć na lekko posypanej mąką powierzchni, przykryć ściereczką i odstawić do wyrośnięcia na 30 minut.

d) Aby przygotować nadzienie, należy połączyć wszystkie składniki oprócz jajek i oliwy z oliwek i dobrze wymieszać. Włóż blachę do pieczenia do piekarnika i rozgrzej do 220°C.

e) Na dobrze posypanej mąką powierzchni uformuj kulki ciasta w koła o średnicy 16 cm i grubości około ⅙ cala / 2 mm. Można to zrobić za pomocą wałka do ciasta lub rozciągając go rękami.

f) Na środek każdego koła nałóż łyżką mniej więcej jedną szóstą nadzienia serowego i delikatnie rozprowadź je w lewo i w prawo, tak aby prawie sięgało obu krawędzi koła. Weź prawą i lewą stronę między palce i ściśnij je, lekko rozciągając ciasto, aby utworzyć wydłużone ciasto w kształcie łódki z serem w środku. Wyprostuj boczne ścianki i postaraj się, aby miały co najmniej 1¼ cala / 3 cm wysokości i szerokości, tak aby w środku było wystarczająco dużo miejsca, aby pomieścić ser i całe jajko, które zostanie dodane później. Ponownie zaciśnij końce, aby nie otworzyły się podczas gotowania.

g) Posmaruj bułki pozostałą połówką jajka i ułóż je na arkuszu papieru pergaminowego wielkości blachy do pieczenia. Posyp bułki kilkoma listkami tymianku. Wyjmij blachę do pieczenia z piekarnika, szybko połóż na niej pergamin i bułki, a następnie włóż blachę z powrotem do piekarnika. Piec przez 15 minut, aż brzegi nabiorą złotego koloru.

h) Wyjmij blachę do pieczenia z piekarnika. Rozbij jajko do małej filiżanki. Nie rozbijając, delikatnie unieś palcami żółtko i umieść je na środku jednej z bułek. Wlać tyle białka, ile się zmieści, a następnie powtórzyć tę czynność z pozostałymi jajkami i bułkami. Nie martw się, jeśli trochę białka się rozleje; to wszystko jest częścią rustykalnego uroku. Włóż patelnię z powrotem do piekarnika i piecz przez 5 minut. Białka powinny się zestalić, a żółtka powinny pozostać płynne. Pozostawić do ostygnięcia na 5 minut, a następnie skropić oliwą z oliwek, posypać solą i podawać.

14.Pączki ze szpinakiem i fetą

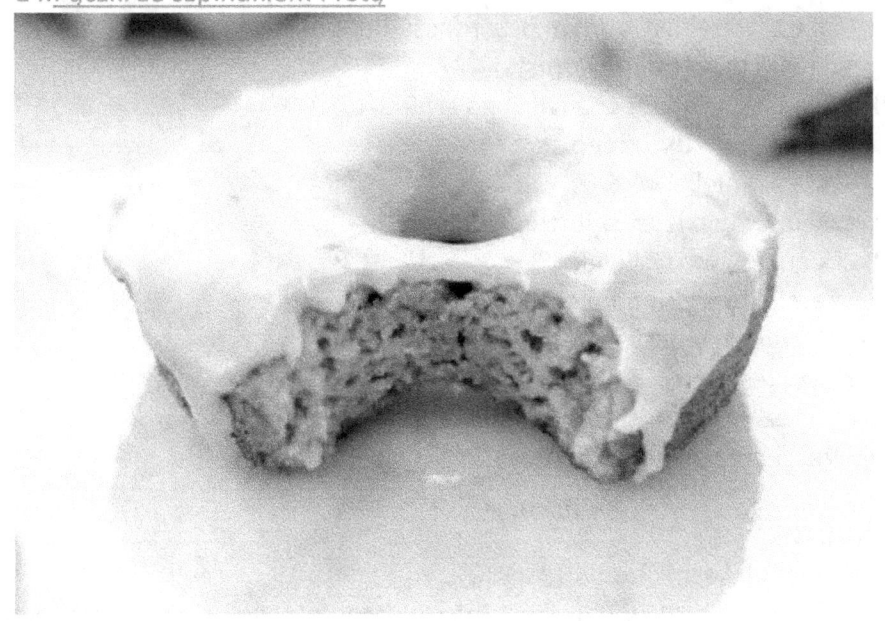

SKŁADNIKI:

- 1 Mąkę o wszechstronnym przeznaczeniu
- ½ szklanki mąki pełnoziarnistej
- ½ szklanki posiekanego świeżego szpinaku
- ½ szklanki pokruszonego sera feta
- ⅓ szklanki mleka
- ⅓ szklanki zwykłego jogurtu greckiego
- ¼ szklanki oliwy z oliwek
- 1 łyżeczka proszku do pieczenia
- ½ łyżeczki sody oczyszczonej
- ¼ łyżeczki soli
- 2 ząbki czosnku, posiekane
- ¼ łyżeczki czarnego pieprzu

INSTRUKCJE:

a) Rozgrzej piekarnik do 350°F (180°C).
b) W dużej misce wymieszaj mąkę, proszek do pieczenia, sodę oczyszczoną, sól i czarny pieprz.
c) W drugiej misce wymieszaj posiekany szpinak, pokruszony ser feta, mleko, jogurt grecki, oliwę z oliwek, przeciśnięty przez praskę czosnek.
d) Do suchych składników dodać mokre i wymieszać tylko do połączenia.
e) Łyżką nakładaj ciasto do natłuszczonej formy na pączki i piecz przez 12-15 minut lub do momentu, aż wykałaczka wbita w środek będzie czysta i wyciągnięta.
f) Pozostawiamy na blaszce do ostygnięcia przez 5 minut, po czym wyjmujemy na kratkę, aby całkowicie ostygły.

15.Biscotti z oregano i fetą

SKŁADNIKI:

- 2 filiżanki mąki uniwersalnej
- 1 łyżeczka proszku do pieczenia
- 1/2 łyżeczki soli
- 1/2 szklanki niesolonego masła, zmiękczonego
- 1/2 szklanki granulowanego cukru
- 2 duże jajka
- 1 łyżka posiekanego świeżego oregano
- 1/2 szklanki pokruszonego sera feta

INSTRUKCJE:

a) Rozgrzej piekarnik do 175°C (350°F). Dużą blachę do pieczenia wyłóż papierem pergaminowym.
b) W średniej misce wymieszaj mąkę, proszek do pieczenia i sól, aż dobrze się połączą.
c) W osobnej dużej misce użyj miksera elektrycznego, aby utrzeć masło z cukrem na jasną i puszystą masę, około 2-3 minuty.
d) Wbijaj jajka, jedno po drugim, a następnie posiekane oregano i pokruszony ser feta.
e) Stopniowo dodawaj suche składniki, używając szpatułki, aż ciasto się połączy.
f) Ciasto podzielić na dwie równe części i z każdej uformować wałek o długości około 12 cali i szerokości 2 cali.
g) Połóż polana na przygotowanej blasze do pieczenia i piecz przez 25-30 minut lub do momentu, aż będą twarde w dotyku.
h) Wyjmij bułki z piekarnika i pozostaw je na blasze do ostygnięcia na 5-10 minut.
i) Za pomocą ząbkowanego noża pokrój kłody na plasterki o grubości 1/2 cala i połóż je z powrotem na blasze do pieczenia, przecięciem do dołu.
j) Włóż ciastko z powrotem do piekarnika i piecz przez dodatkowe 10-15 minut lub do momentu, aż będą chrupiące i suche.
k) Przed podaniem biscotti należy całkowicie wystudzić na metalowej kratce.

16. Biscotti ze szpinakiem i fetą

SKŁADNIKI:

- 2 filiżanki mąki uniwersalnej
- 1 łyżeczka proszku do pieczenia
- 1/2 łyżeczki soli
- 1/2 szklanki niesolonego masła, zmiękczonego
- 1/2 szklanki granulowanego cukru
- 2 duże jajka
- 1/4 szklanki posiekanego szpinaku, wyciśniętego do sucha
- 1/2 szklanki pokruszonego sera feta

INSTRUKCJE:

a) Rozgrzej piekarnik do 175°C (350°F). Dużą blachę do pieczenia wyłóż papierem pergaminowym.

b) W średniej misce wymieszaj mąkę, proszek do pieczenia i sól, aż dobrze się połączą.

c) W osobnej dużej misce użyj miksera elektrycznego, aby utrzeć masło z cukrem na jasną i puszystą masę, około 2-3 minuty.

d) Wbijaj jajka, jedno po drugim, a następnie posiekany szpinak i pokruszony ser feta.

e) Stopniowo dodawaj suche składniki, używając szpatułki, aż ciasto się połączy.

f) Ciasto podzielić na dwie równe części i z każdej uformować wałek o długości około 12 cali i szerokości 2 cali.

g) Połóż polana na przygotowanej blasze do pieczenia i piecz przez 25-30 minut lub do momentu, aż będą twarde w dotyku.

h) Wyjmij bułki z piekarnika i pozostaw je na blasze do ostygnięcia na 5-10 minut.

i) Za pomocą ząbkowanego noża pokrój kłody na plasterki o grubości 1/2 cala i połóż je z powrotem na blasze do pieczenia, przecięciem do dołu.

j) Włóż ciastko z powrotem do piekarnika i piecz przez dodatkowe 10-15 minut lub do momentu, aż będą chrupiące i suche.

k) Przed podaniem biscotti należy całkowicie wystudzić na metalowej kratce.

17. Warstwy jaj i karczochów

SKŁADNIKI:

- 1 łyżka oliwy z oliwek extra virgin
- 1 średnia żółta cebula, posiekana
- 8 uncji mrożonego posiekanego szpinaku
- ½ szklanki suszonych pomidorów, odsączonych i grubo posiekanych
- 14-uncjowa puszka serc karczochów, odsączona i poćwiartowana
- 2 ½ zapakowanych filiżanek bagietki pokrojonej w kostkę
- Sól i czarny pieprz do smaku
- ⅔ szklanki sera feta, pokruszonego
- 8 jaj
- 1 szklanka mleka
- 1 szklanka twarogu
- 2 łyżki posiekanej świeżej bazylii
- 3 łyżki startego parmezanu

INSTRUKCJE:

a) Rozgrzej piekarnik do 350 F.

b) Rozgrzej oliwę z oliwek na dużej żeliwnej patelni na średnim ogniu. Dodaj i smaż cebulę przez 3 minuty lub do miękkości.

c) Dodać szpinak i smażyć, aż się rozmrozi i większość płynu odparuje. Wyłącz ogrzewanie.

d) Mieszaj, suszone pomidory, serca karczochów i bagietkę, aż dobrze się rozprowadzą. Doprawiamy solą i czarnym pieprzem, posypujemy serem feta; odłożyć na bok.

e) W średniej misce ubij jajka, mleko, twarożek i bazylię. Wlać mieszaninę na mieszankę szpinaku i delikatnie uderzać łyżką, aby mieszanka jajeczna dobrze się rozprowadziła. Posypujemy wierzch parmezanem.

f) Przenieś patelnię do piekarnika i piecz przez 35 do 45 minut lub do momentu, aż wierzch będzie złocistobrązowy i jajka się zetną.

g) Usuń patelnię; pokrój warstwy w ćwiartki i podawaj na ciepło.

CHLEB

18.Tiropsomo

SKŁADNIKI:

- 4 szklanki mąki uniwersalnej
- 2 łyżeczki aktywnych suchych drożdży
- 1 łyżeczka cukru
- 1 łyżeczka soli
- ¼ szklanki oliwy z oliwek
- 1 szklanka letniej wody
- 1 ½ szklanki pokruszonego sera feta
- ½ szklanki posiekanej świeżej pietruszki
- ¼ szklanki posiekanego świeżego koperku (opcjonalnie)
- ¼ szklanki posiekanej zielonej cebuli (opcjonalnie)
- Płyn do jajek (1 jajko ubite z 1 łyżką wody)

INSTRUKCJE:

a) W małej misce rozpuść cukier w letniej wodzie. Posyp drożdże wodą i pozostaw na około 5 minut lub do momentu, aż zaczną się pienić.

b) W dużej misce wymieszaj mąkę i sól. Zrób wgłębienie na środku i wlej oliwę z oliwek oraz mieszaninę drożdży. Mieszaj drewnianą łyżką lub rękami, aż ciasto zacznie się łączyć.

c) Przełóż ciasto na posypaną mąką powierzchnię i ugniataj przez około 5-7 minut lub do momentu, aż ciasto stanie się gładkie i elastyczne.

d) Ciasto włóż do natłuszczonej miski, przykryj czystym ręcznikiem kuchennym i odstaw do wyrośnięcia w ciepłym miejscu na około 1 godzinę lub do momentu, aż podwoi swoją objętość.

e) Rozgrzej piekarnik do 190°C (375°F). Natłuszczamy i oprószamy mąką blachę do pieczenia.

f) Wyrośnięte ciasto zagnieść i przenieść na posypaną mąką powierzchnię. Rozwałkuj go na prostokąt o grubości około ½ cala.

g) Posyp ciasto równomiernie pokruszonym serem feta, posiekaną natką pietruszki, koperkiem (jeśli używasz) i zieloną cebulą (jeśli używasz).

h) Zaczynając od jednego długiego końca, zwiń ciasto ciasno w rulon. Ściśnij krawędzie, aby je uszczelnić.

i) Rozwałkowane ciasto wyłożyć na przygotowaną blachę do pieczenia i posmarować wierzch rozmąconym jajkiem.

j) Piec w nagrzanym piekarniku przez około 30-35 minut lub do momentu, aż chleb będzie złocistobrązowy i będzie wydawać głuchy dźwięk przy postukiwaniu od spodu.

k) Wyjąć chleb z piekarnika i pozostawić do ostygnięcia na metalowej kratce przed pokrojeniem i podaniem.

l) Ciesz się domowym greckim chlebem feta (Tiropsomo)! Świetnie smakuje samo lub podawane z tzatziki lub sałatką grecką.

19.Tiropita

SKŁADNIKI:
- 3 szklanki mąki uniwersalnej
- 1 szklanka ciepłego mleka
- 1 opakowanie (2 ¼ łyżeczki) aktywnych suszonych drożdży
- 1 łyżeczka cukru
- 1 łyżeczka soli
- 1 szklanka pokruszonego sera feta
- ½ szklanki startego sera Kefalotyri lub parmezanu
- 2 łyżki oliwy z oliwek

INSTRUKCJE:
a) Drożdże i cukier rozpuść w ciepłym mleku i odstaw na 5 minut, aż zacznie się pienić.
b) W dużej misce wymieszaj mąkę i sól. Zrób wgłębienie na środku i wlej mieszaninę drożdży.
c) Stopniowo dodawaj mąkę do płynu, mieszając, aż powstanie ciasto.
d) Ciasto wyrabiamy na lekko posypanej mąką powierzchni przez około 5-7 minut, aż będzie gładkie i elastyczne.
e) Ciasto włóż do natłuszczonej miski, przykryj czystym ręcznikiem kuchennym i odstaw do wyrośnięcia w ciepłym miejscu na około 1 godzinę lub do momentu, aż podwoi swoją objętość.
f) Rozgrzej piekarnik do 190°C (375°F).
g) Zagnieść ciasto i podzielić je na dwie równe części.
h) Jedną część rozwałkowujemy na prostokąt i posypujemy połową pokruszonej fety i startego sera.
i) Zwiń ciasto ciasno, ściskając końce, aby ser się w nim zatopił. Powtórzyć z drugą porcją ciasta.
j) Ułóż obie bułki na blasze wyłożonej papierem do pieczenia, posmaruj je oliwą z oliwek i piecz przez 25-30 minut lub do złotego koloru. Pozwól im ostygnąć przed pokrojeniem.

20.Gözleme

SKŁADNIKI:
NA CIASTO:
- 3 szklanki mąki uniwersalnej
- 1 łyżeczka soli
- 1 łyżka oliwy z oliwek
- 1 szklanka ciepłej wody

NA NADZIENIE (SZPINAK I SER FETA):
- 2 szklanki świeżego szpinaku, umytego i posiekanego
- 1 szklanka pokruszonego sera feta
- 1 mała cebula, drobno posiekana
- 2 łyżki oliwy z oliwek
- Sól i pieprz do smaku

INSTRUKCJE:

a) W dużej misce wymieszaj mąkę i sól. Na środku zrób wgłębienie, wlej oliwę i ciepłą wodę. Mieszaj drewnianą łyżką lub rękami, aż powstanie miękkie i gładkie ciasto.

b) Ciasto przekładamy na blat posypany mąką i wyrabiamy około 5-7 minut, aż stanie się elastyczne. Ciasto ponownie włóż do miski, przykryj wilgotną ściereczką i odstaw na około 30 minut.

c) W międzyczasie przygotuj nadzienie. Rozgrzej oliwę z oliwek na patelni na średnim ogniu. Dodaj posiekaną cebulę i smaż, aż stanie się przezroczysta.

d) Dodać posiekany szpinak i smażyć, aż zwiędnie. Zdjąć z ognia i pozostawić do ostygnięcia. Po ostudzeniu dodać pokruszony ser feta.

e) Dopraw solą i pieprzem do smaku.

f) Wyrośnięte ciasto podzielić na mniejsze części. Weź jedną porcję na raz i rozwałkuj ją na cienki, okrągły lub prostokątny kształt o grubości około ⅛ cala.

g) Na połowę rozwałkowanego ciasta nałóż łyżkę nadzienia, zostawiając niewielki margines na brzegach.

h) Nałóż drugą połowę ciasta na nadzienie, mocno dociskając krawędzie, aby je zamknąć.

i) Rozgrzej dużą patelnię lub patelnię z powłoką nieprzywierającą na średnim ogniu. Napełniony gözleme połóż na rozgrzanej powierzchni i smaż przez około 2-3 minuty z każdej strony lub do momentu, aż chleb stanie się chrupiący i złocistobrązowy.

j) Ugotowane gözleme zdejmij z patelni i pokrój na mniejsze kawałki lub podawaj w całości. Czynność powtórzyć z pozostałymi porcjami ciasta i nadzieniem.

21. Poğaça

SKŁADNIKI:
NA CIASTO:
- 3 szklanki mąki uniwersalnej
- 1 łyżka drożdży instant
- 1 łyżka cukru
- 1 łyżeczka soli
- ½ szklanki ciepłego mleka
- ¼ szklanki ciepłej wody
- ¼ szklanki oleju roślinnego
- 1 jajko, lekko ubite

DO WYPEŁNIENIA:
- 1 szklanka sera feta, pokruszonego (lub innego sera według uznania)
- ¼ szklanki posiekanej świeżej pietruszki
- Opcjonalnie: pokrojone w kostkę oliwki, pokrojona zielona cebula

NA polewę:
- 1 jajko, lekko ubite (do posmarowania jajek)
- Nasiona sezamu lub czarnuszki (opcjonalnie)

INSTRUKCJE:
a) W dużej misce wymieszaj mąkę, drożdże instant, cukier i sól. Dobrze wymieszaj, aby równomiernie rozprowadzić suche składniki.
b) W osobnej misce wymieszaj ciepłe mleko, ciepłą wodę, olej roślinny i ubite jajko.
c) Wlać mokre składniki do suchych i wymieszać, aż powstanie szorstkie ciasto.
d) Ciasto przekładamy na czystą, oprószoną mąką powierzchnię i wyrabiamy około 5-7 minut, aż ciasto stanie się gładkie i elastyczne.
e) Ciasto ponownie włożyć do miski miksującej, przykryć wilgotną ściereczką i odstawić do wyrośnięcia w ciepłe miejsce na około 1 godzinę lub do czasu, aż podwoi swoją objętość.
f) Rozgrzej piekarnik do 190°C (375°F). Blachę do pieczenia wyłóż papierem pergaminowym.
g) Gdy ciasto wyrośnie, uderzamy je pięścią, aby uwolnić pęcherzyki powietrza. Podziel ciasto na równe części, w zależności od wielkości pogąca, jaką chcesz przygotować.
h) Weź jedną porcję ciasta i spłaszcz ją rękoma. Na środek spłaszczonego ciasta nakładamy łyżkę nadzienia.

i) Złóż ciasto na nadzienie, ściskając krawędzie, aby je zamknąć. Możesz uformować poğaçę w różne kształty, takie jak trójkąty, kwadraty lub bułki.
j) Uformowaną poğaçę ułożyć na przygotowanej blasze do pieczenia. Powtórz proces z pozostałymi porcjami ciasta, pozostawiając trochę odstępu pomiędzy każdą poğaça.
k) Posmaruj wierzch poğaça roztrzepanym jajkiem i w razie potrzeby posyp ziarnami sezamu lub czarnuszki.
l) Piec poğaça w nagrzanym piekarniku przez około 20-25 minut lub do momentu, aż nabiorą złotobrązowego koloru na wierzchu.
m) Po upieczeniu wyjmij poğaçę z piekarnika i przed podaniem poczekaj, aż nieco ostygnie.

22.Dakos

SKŁADNIKI:
- 4 duże sucharki jęczmienne (lub zastąp suszonym pieczywem pełnoziarnistym)
- 4 dojrzałe pomidory
- 200 g sera feta
- 1 mała czerwona cebula, pokrojona w cienkie plasterki
- 1 mały ogórek, pokrojony w kostkę
- Oliwki Kalamata (opcjonalnie)
- Oliwa z oliwek z pierwszego tłoczenia
- Suszone oregano
- Sól i pieprz do smaku

INSTRUKCJE:

a) Zacznij od namoczenia sucharów jęczmiennych w misce z wodą na kilka sekund, aż lekko zmiękną. Pozwól, aby nadmiar wody spłynął i odłóż je na bok.

b) Pomidory pokroić w małe kawałki. Jeśli wolisz mniej płynu, możesz usunąć nasiona.

c) W osobnej misce pokruszyć ser feta.

d) Weź każdy zmiękczony suchar i skrop go dużą ilością oliwy z oliwek z pierwszego tłoczenia. Pozwól sucharom na kilka minut wchłonąć olej.

e) Namoczone suchary układaj na osobnych talerzach lub półmisku. Na wierzchu każdego suchara ułóż pokrojone w kostkę pomidory.

f) Posyp pomidory pokruszonym serem feta. Na wierzch dodaj pokrojoną w cienkie plasterki czerwoną cebulę i pokrojony w kostkę ogórek.

g) W razie potrzeby udekoruj oliwkami Kalamata i posyp suszonym oregano. Dopraw solą i pieprzem do smaku.

h) Zmontowane dakos skrop odrobinę oliwą z oliwek z pierwszego tłoczenia, aby wzmocnić smak.

i) Podawać natychmiast i cieszyć się jako lekki posiłek lub przekąskę.

23. Eliopsomo

SKŁADNIKI:

- 2 filiżanki mąki uniwersalnej
- 1 łyżeczka proszku do pieczenia
- ½ łyżeczki soli
- ½ szklanki jogurtu greckiego
- ¼ szklanki oliwy z oliwek
- 2 jajka
- 1 szklanka wydrylowanych i posiekanych oliwek Kalamata
- ½ szklanki pokruszonego sera feta
- 1 łyżka suszonego oregano
- ¼ szklanki posiekanej świeżej pietruszki (opcjonalnie)

INSTRUKCJE:

a) Rozgrzej piekarnik do 175°C (350°F). Formę do pieczenia natłuszczamy i oprószamy mąką.
b) W dużej misce wymieszaj mąkę uniwersalną, proszek do pieczenia i sól. Dobrze wymieszaj.
c) W osobnej misce wymieszaj jogurt grecki, oliwę z oliwek i jajka, aż dobrze się połączą.
d) Wlać mokre składniki do suchych i wymieszać tylko do połączenia. Uważaj, aby nie przemieszać.
e) Dodaj posiekane oliwki, pokruszony ser feta, suszone oregano i posiekaną świeżą pietruszkę (jeśli używasz). Mieszaj, aż równomiernie rozprowadzi się po całym cieście.
f) Ciasto przełożyć do wysmarowanej tłuszczem i oprószonej mąką formy, równomiernie rozprowadzając.
g) Piec w nagrzanym piekarniku przez około 40-45 minut lub do momentu, aż wykałaczka wbita w środek będzie sucha.
h) Po upieczeniu wyjąć chleb z piekarnika i pozostawić na kilka minut do ostygnięcia w formie. Następnie przełożyć na kratkę do całkowitego wystygnięcia.
i) Pokrój i podawaj grecki chleb z oliwkami jako pyszną przystawkę lub dodatek do posiłku. Świetnie smakuje samo lub w połączeniu z sałatką grecką.

PIZZA I PIZZETKI

24. Pizza z tuńczykiem, caponatą i prosciutto

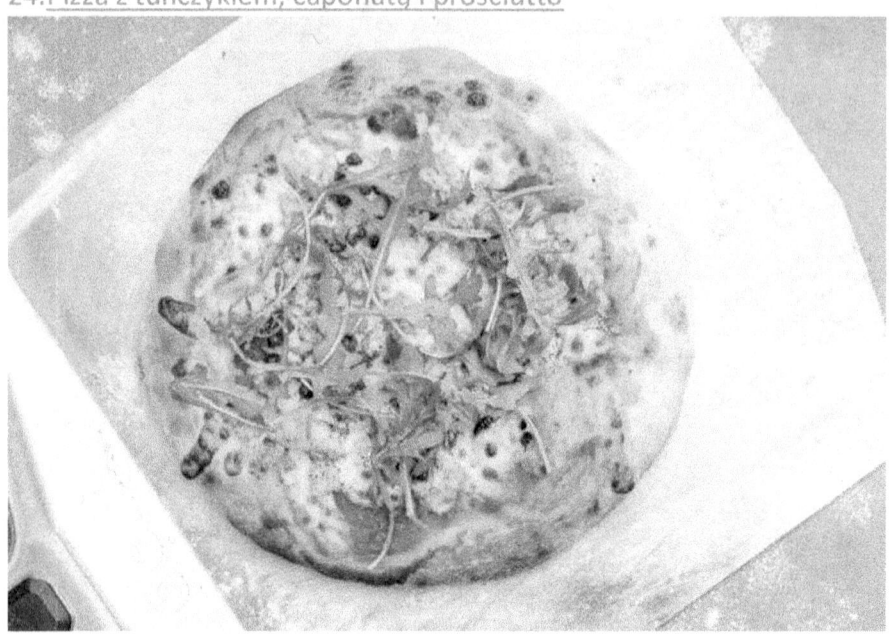

SKŁADNIKI:

- 1 12-calowa skorupa włoskiego chleba do pizzy
- 1 łyżeczka oliwy z oliwek
- 1 puszka (7 ½ uncji) caponaty
- 1 puszka (6 uncji) białego tuńczyka; odsączone i posiekane
- 8 plasterków (1 uncja) prosciutto
- 2 Pomidory śliwkowe; w plasterkach ¼, do 3
- 1 szklanka pokruszonego sera feta
- 1 szklanka startego sera mozzarella
- Pokruszony czerwony pieprz

INSTRUKCJE:

a) Połóż skorupę chleba na wyłożonej folią blasze do pieczenia; posmaruj olejem aż do krawędzi.
b) Rozłóż caponatę w odległości 1 cala od krawędzi.
c) Na wierzch ułóż tuńczyka, prosciutto, pomidory, fetę i ser mozzarella.
d) Piec w piekarniku nagrzanym na 200 stopni F przez 10 do 12 minut lub do momentu, aż sery się rozpuszczą, a pizza się podgrzeje.
e) Ostudzić przez 1 minutę przed pokrojeniem.
f) W razie potrzeby podawaj z pokruszoną czerwoną papryką.

25. Pizzettes z figami, cebulą i mikrogreenami

SKŁADNIKI:
CIASTO PŁASKIE
- 300 g Mąki samorosnącej Trochę do podsypania
- 2 szczypty soli
- 300 g jogurtu kokosowego
- 1 łyżeczka proszku do pieczenia
- 3 łyżki oliwy z oliwek

KARMELIZOWANE CEBULE
- 600 g Czerwona cebula pokrojona w plasterki
- 1 łyżka oliwy z oliwek
- ¼ łyżeczki soli
- 1 łyżka octu balsamicznego
- 2 łyżeczki syropu klonowego

DODATKI
- 150 g Pomidorki koktajlowe przekrojone na połówki
- 8 fig pokrojonych w plasterki
- 100 g sera Feta
- 150 g Mieszanka pikantna mikrogreenów

INSTRUKCJE:
KARMELIZOWANE CEBULE
a) Na patelni rozgrzej oliwę, następnie smaż cebulę przez 15 minut.
b) Sezon z solą.
c) Dodaj ocet i syrop klonowy; gotować jeszcze 5 minut.

CIASTO PŁASKIE
d) Rozgrzej piekarnik do 180 st
e) Wszystkie suche składniki ciasta wymieszać w misce, następnie dodać jogurt.
f) Posyp powierzchnię mąką i delikatnie ugniataj przez 8 minut.
g) Ciasto odstawić na 10 minut.
h) Podziel ciasto na 8 kulek, a następnie rozwałkuj kawałek ciasta na okrąg.
i) Rozgrzej 1 łyżeczkę oliwy z oliwek, włóż rozwałkowane ciasto na patelnię i smaż z każdej strony przez 2 minuty.

DODATKI
j) Na podpłomyki nałóż karmelizowaną cebulę i dobrze ją rozsmaruj.
k) Posyp je 50 g bezmlecznej kruszonki fety, połówkami pomidorków koktajlowych i plasterkami fig, a następnie piecz w nagrzanym piekarniku przez 7 minut.
l) Wyjmij naczynie z piekarnika, połóż na nim pęczek zmiksowanych mikroliście, pokrusz resztę sera feta i dopraw dużą ilością świeżo zmielonego pieprzu.
m) Cieszyć się!

26.Pizza Pełnoziarnista z Brokułami Pieczonymi Cytryną

SKŁADNIKI:

- ½ funta pełnoziarnistego ciasta na pizzę
- 8 uncji świeżej mozzarelli
- 2 szklanki grubo posiekanych różyczek brokułów
- ¼ szklanki pokruszonego sera feta
- Pesto bazyliowe (¼ szklanki)
- ¼ szklanki posiekanych suszonych pomidorów
- ¼ szklanki posiekanych oliwek Kalamata
- ½ skórki cytryny
- 1 łyżeczka zmielonych płatków czerwonej papryki
- ½ cytryny, pokrojonej w cienkie plasterki
- ½ szklanki mikrogreenów z pikantną musztardą

INSTRUKCJE:

a) Rozgrzej piekarnik do 425°F.
b) Na lekko posypanej mąką stolnicy rozwałkuj ciasto, aż będzie bardzo cienkie. Ciasto ułożyć na wyłożonej papierem blasze.
c) Na cieście rozsmaruj pesto.
d) W dużej misce wymieszaj suszone pomidory, oliwki, skórkę z cytryny, pokruszone płatki czerwonej papryki i mozzarellę.
e) Brokuły wymieszać z 1 łyżką oliwy z suszonych pomidorów.
f) Na wierzchu ułóż brokuły i 3-4 cząstki cytryny.
g) Na wierzchu równomiernie rozłóż ser feta.
h) Piec 10-15 minut lub do momentu, aż ser się roztopi, a skórka będzie chrupiąca.
i) Wyjmij pizzę z piekarnika i połóż na wierzchu mikrogreeny.

27. Pizza Śródziemnomorska

SKŁADNIKI:
CIASTO NA PIZZETĘ:
- 2 filiżanki mąki uniwersalnej
- 1 łyżeczka drożdży instant
- 1 łyżeczka soli
- 1 łyżka oliwy z oliwek
- 3/4 szklanki ciepłej wody

DODATKI:
- Sos pomidorowy
- Ser feta, pokruszony
- Oliwki Kalamata, wypestkowane i przekrojone na połówki
- Pomidory wiśniowe, przekrojone na połówki
- Czerwona cebula, cienko pokrojona
- Świeże liście bazylii, podarte

INSTRUKCJE:
CIASTO NA PIZZETĘ:

a) W misce wymieszaj mąkę uniwersalną, drożdże instant i sól.

b) Do suchych składników dodać oliwę z oliwek i ciepłą wodę i wymieszać, aż powstanie ciasto.

c) Ciasto przełożyć na posypany mąką blat i ugniatać przez około 5 minut, aż będzie gładkie i elastyczne.

d) Włóż ciasto z powrotem do miski, przykryj czystym ręcznikiem kuchennym i pozostaw do wyrośnięcia na 1-2 godziny, aż podwoi swoją objętość.

Montaż pizzy:

e) Rozgrzej piekarnik do 245°C (475°F).

f) Ciasto podzielić na małe porcje i każdą rozwałkować na cienki okrągły placek.

g) Zwinięte krążki ciasta układamy na blasze do pieczenia lub kamieniu do pizzy.

h) Każdą pizzerę smarujemy sosem pomidorowym.

i) Sos posyp pokruszonym serem feta.

j) Na wierzch dodaj oliwki kalamata, pomidorki koktajlowe i czerwoną cebulę.

k) Piec w nagrzanym piekarniku przez około 8-10 minut, aż skórka będzie złotobrązowa, a ser będzie musujący.

l) Wyjmij z piekarnika, posyp porwanymi listkami świeżej bazylii i podawaj.

28. grecka Pizza

SKŁADNIKI:
CIASTO NA PIZZĘ:
- 2 1/2 szklanki mąki uniwersalnej
- 2 1/4 łyżeczki drożdży instant
- 1 łyżeczka soli
- 1 łyżka oliwy z oliwek
- 1 szklanka ciepłej wody

DODATKI:
- Sos pomidorowy
- Ser feta, pokruszony
- Grillowana pierś z kurczaka, pokrojona w plasterki
- Czerwona cebula, cienko pokrojona
- Oliwki Kalamata, wypestkowane i przekrojone na połówki
- Świeże liście szpinaku
- Suszone oregano

INSTRUKCJE:
CIASTO NA PIZZĘ:
a) W misce wymieszaj mąkę uniwersalną, drożdże instant i sól.
b) Do suchych składników dodać oliwę z oliwek i ciepłą wodę i wymieszać, aż powstanie ciasto.
c) Ciasto przełożyć na posypany mąką blat i ugniatać przez około 5 minut, aż będzie gładkie i elastyczne.
d) Włóż ciasto z powrotem do miski, przykryj czystym ręcznikiem kuchennym i pozostaw do wyrośnięcia na 1-2 godziny, aż podwoi swoją objętość.

MONTAŻ PIZZY:
e) Rozgrzej piekarnik do 245°C (475°F).
f) Rozwałkuj ciasto na pizzę na posypanej mąką powierzchni i przenieś je na blachę do pieczenia lub kamień do pizzy.
g) Na cieście równomiernie rozsmaruj sos pomidorowy.
h) Sos posyp pokruszonym serem feta.
i) Na wierzchu ułóż pokrojoną w plasterki grillowaną pierś kurczaka, czerwoną cebulę, oliwki kalamata i świeże liście szpinaku.
j) Posypać suszonym oregano.
k) Piec w nagrzanym piekarniku przez około 12-15 minut, aż skórka będzie złotobrązowa, a ser będzie musujący i lekko rumiany.
l) Pokrój i podawaj.

29. Pizzette ze szpinakiem i fetą

SKŁADNIKI:
CIASTO NA PIZZETĘ:
- 2 filiżanki mąki uniwersalnej
- 1 łyżeczka drożdży instant
- 1 łyżeczka soli
- 1 łyżka oliwy z oliwek
- 3/4 szklanki ciepłej wody

DODATKI:
- Oliwa z oliwek z dodatkiem czosnku
- Ser feta, pokruszony
- Ser mozzarella, posiekany
- Świeże liście szpinaku
- Pomidory wiśniowe, przekrojone na połówki
- Suszone płatki czerwonego chili (opcjonalnie)

INSTRUKCJE:
CIASTO NA PIZZETĘ:
a) W misce wymieszaj mąkę uniwersalną, drożdże instant i sól.
b) Do suchych składników dodać oliwę z oliwek i ciepłą wodę i wymieszać, aż powstanie ciasto.
c) Ciasto przełożyć na posypany mąką blat i ugniatać przez około 5 minut, aż będzie gładkie i elastyczne.
d) Włóż ciasto z powrotem do miski, przykryj czystym ręcznikiem kuchennym i pozostaw do wyrośnięcia na 1-2 godziny, aż podwoi swoją objętość.

MONTAŻ PIZZETTY:
e) Rozgrzej piekarnik do 245°C (475°F).
f) Ciasto podzielić na małe porcje i każdą rozwałkować na cienki okrągły placek.
g) Zwinięte krążki ciasta układamy na blasze do pieczenia lub kamieniu do pizzy.
h) Posmaruj ciasto oliwą z oliwek nasączoną czosnkiem.
i) Ciasto równomiernie posypać pokruszonym serem feta i startym serem mozzarella.
j) Na wierzchu rozłóż liście świeżego szpinaku i połówki pomidorków koktajlowych.
k) W razie potrzeby posyp suszonymi płatkami czerwonego chili, aby uzyskać pikantny kopniak.
l) Piec w nagrzanym piekarniku przez około 8-10 minut, aż skórka będzie złocistobrązowa, a ser się roztopi i lekko zarumieni.
m) Wyjmij z piekarnika, pokrój i podawaj.

30.Pizza z Pieczonymi Warzywami i Fetą

SKŁADNIKI:
CIASTO NA PIZZĘ:
- 2 1/2 szklanki mąki uniwersalnej
- 2 1/4 łyżeczki drożdży instant
- 1 łyżeczka soli
- 1 łyżka oliwy z oliwek
- 1 szklanka ciepłej wody

DODATKI:
- Sos pomidorowy
- Ser feta, pokruszony
- Cukinia, pokrojona w cienkie plasterki
- Żółta dynia, pokrojona w cienkie plasterki
- Czerwona cebula, cienko pokrojona
- Czerwona papryka, pokrojona w cienkie plasterki
- Świeże liście rozmarynu
- Oliwa z oliwek
- Sól i pieprz do smaku

INSTRUKCJE:
CIASTO NA PIZZĘ:
a) W misce wymieszaj mąkę uniwersalną, drożdże instant i sól.
b) Do suchych składników dodać oliwę z oliwek i ciepłą wodę i wymieszać, aż powstanie ciasto.
c) Ciasto przełożyć na posypany mąką blat i ugniatać przez około 5 minut, aż będzie gładkie i elastyczne.
d) Włóż ciasto z powrotem do miski, przykryj czystym ręcznikiem kuchennym i pozostaw do wyrośnięcia na 1-2 godziny, aż podwoi swoją objętość.

MONTAŻ PIZZY:
e) Rozgrzej piekarnik do 245°C (475°F).
f) Rozwałkuj ciasto na pizzę na posypanej mąką powierzchni i przenieś je na blachę do pieczenia lub kamień do pizzy.
g) Na cieście równomiernie rozsmaruj sos pomidorowy.
h) Sos posyp pokruszonym serem feta.
i) Na wierzchu ułóż pokrojoną w plasterki cukinię, żółtą dynię, czerwoną cebulę i czerwoną paprykę.
j) Posyp listkami świeżego rozmarynu i skrop odrobiną oliwy z oliwek.
k) Dopraw solą i pieprzem do smaku.
l) Piec w nagrzanym piekarniku przez około 12-15 minut, aż skórka będzie złotobrązowa, a warzywa miękkie.
m) Pokrój i podawaj.

PRZEKĄSKI I PRZYSTAWKI

31.Kanapki ze szparagami i fetą

SKŁADNIKI:
- 20 kromek cienkiego białego chleba
- 4 uncje sera pleśniowego
- 8 uncji serka śmietankowego
- 1 jajko
- 20 Szparagów z puszki, odsączonych
- ½ szklanki roztopionego masła

INSTRUKCJE:
a) Odkrawamy skórki z chleba i spłaszczamy wałkiem do ciasta.
b) Zmiksuj sery i jajka na odpowiednią konsystencję i równomiernie rozprowadź na każdej kromce chleba.
c) Na każdym kawałku połóż włócznię szparagów i zwiń ją.
d) Zanurz w roztopionym maśle, aby dokładnie je pokrył.
e) Ułożyć na blaszce i zamrozić.
f) Gdy mocno zamarznie, pokroić na kawałki wielkości kęsa.
g) Ułożyć na blaszce i piec w temperaturze 400 F przez 20 minut.

32. Kulki z oliwek i fety

SKŁADNIKI:
- 2 uncje (¼ szklanki) serka śmietankowego
- ¼ szklanki (2 uncje) sera feta
- 12 dużych oliwek kalamata, bez pestek
- ⅛ łyżeczki drobno posiekanego świeżego tymianku
- ⅛ łyżeczki świeżej skórki cytrynowej

INSTRUKCJE:
a) W małym robocie kuchennym przetwarzaj wszystkie składniki, aż uformują grube ciasto, około 30 sekund.
b) Zeskrob mieszaninę i przenieś do małej miski, a następnie wstaw do lodówki na 2 godziny.
c) Za pomocą łyżki uformuj 6 kulek.
d) Podawać od razu lub przechowywać w lodówce do 3 dni.

33. Wiatraczki ze szpinakiem i fetą

SKŁADNIKI:
- 2 szklanki mieszanki Bisquick
- ⅔ szklanki mleka
- 1 szklanka posiekanego szpinaku
- ½ szklanki pokruszonego sera feta
- ¼ szklanki startego parmezanu
- ¼ szklanki pokrojonej w kostkę cebuli
- 1 ząbek czosnku, posiekany
- Sól i pieprz do smaku

INSTRUKCJE:
a) Rozgrzej piekarnik do 220°C i wyłóż blachę do pieczenia papierem pergaminowym.
b) W misce wymieszaj mieszankę Bisquick z mlekiem i uformuj ciasto wiatrakowe.
c) Ciasto rozwałkowujemy na posypanej mąką powierzchni w prostokątny kształt.
d) W osobnej misce wymieszaj posiekany szpinak, pokruszony ser feta, starty parmezan, pokrojoną w kostkę cebulę, posiekany czosnek, sól i pieprz.
e) Na rozwałkowane ciasto równomiernie rozprowadź mieszaninę szpinaku i fety.
f) Zwiń ciasto ciasno z jednej strony, tworząc kształt wafla.
g) Pokrój kłodę w wiatraczki o grubości 1 cala.
h) Połóż wiatraczki na przygotowanej blasze do pieczenia.
i) Piec przez 10-12 minut lub do momentu, aż wiatraczki staną się złotobrązowe.
j) Podawaj szpinak i wiatraczki feta jako aromatyczną przekąskę.

34. Mięta i Feta Bruschetta

SKŁADNIKI:

- 1 bagietka, pokrojona w krążki
- ½ szklanki pokruszonego sera feta
- ¼ szklanki posiekanych świeżych liści mięty
- 1 łyżka oliwy z oliwek
- 1 ząbek czosnku, przekrojony na pół
- Sól i pieprz do smaku

INSTRUKCJE:

a) Rozgrzej piekarnik do 375°F.
b) Plasterki bagietki posmaruj oliwą z oliwek, dopraw solą i pieprzem.
c) Podpiecz plastry bagietki w piekarniku na lekko złoty kolor, około 10-12 minut.
d) Nacieramy połówkami ząbków czosnku podpieczone plastry bagietki.
e) Posyp plastry bagietki pokruszonym serem feta i posiekanymi listkami mięty.
f) Podawaj bruschettę na ciepło lub w temperaturze pokojowej.
g) Cieszyć się!

35. Papryka faszerowana miętą i fetą

SKŁADNIKI:
- 4 duże papryki
- 8 uncji pokruszonego sera feta
- ¼ szklanki posiekanych świeżych liści mięty
- 2 łyżki oliwy z oliwek
- 1 ząbek czosnku, posiekany
- Sól i pieprz do smaku

INSTRUKCJE:
a) Rozgrzej piekarnik do 375°F.
b) Z papryk odetnij wierzchołki, usuń nasiona i błony.
c) W misce wymieszaj pokruszony ser feta, posiekane liście mięty, oliwę z oliwek, czosnek, sól i pieprz, aż dobrze się połączą.
d) Nafaszeruj każdą paprykę mieszanką sera feta.
e) Umieść nadziewane papryki w naczyniu do pieczenia.
f) Piec przez 30-35 minut lub do momentu, aż papryka będzie miękka, a nadzienie będzie złotobrązowe.
g) Podawaj nadziewane papryki na ciepło.

36.Dip z suszonych pomidorów i sera feta

SKŁADNIKI:

- 1 szklanka suszonych pomidorów (nie w oleju)
- 8 uncji serka śmietankowego, zmiękczonego
- 4 uncje pokruszonego sera feta
- ¼ szklanki kwaśnej śmietany
- ¼ szklanki majonezu
- ¼ szklanki posiekanej świeżej pietruszki
- 2 ząbki czosnku, posiekane
- ¼ łyżeczki soli
- ¼ łyżeczki czarnego pieprzu

INSTRUKCJE:

a) Suszone pomidory włóż do miski z gorącą wodą i pozostaw do namoczenia na około 10 minut, aż zmiękną. Odcedź wodę i pokrój pomidory na małe kawałki.

b) W średniej misce wymieszaj serek śmietankowy, ser feta, śmietanę, majonez, pietruszkę, czosnek, sól i czarny pieprz. Mieszaj, aż dobrze się wymiesza.

c) Dodać posiekane suszone pomidory i dobrze wymieszać.

d) Przykryj miskę folią spożywczą i wstaw do lodówki na co najmniej 1 godzinę przed podaniem.

e) Gdy będzie gotowy do podania, ponownie zamieszaj dip i przelej go do miski.

f) Podawać z krakersami, chipsami pita lub pokrojonymi warzywami.

37. Placuszki z ryżu, bakłażana i fety

SKŁADNIKI:

- ⅔ szklanki wrzącej wody
- ⅓ szklanki mieszanki dzikiego ryżu
- Duża szczypta soli
- ¾ szklanki oliwy z oliwek
- 1 bakłażan, pokrojony na małe kawałki
- 1 ząbek czosnku, zmiażdżony
- ½ szklanki jogurtu naturalnego typu greckiego
- 2 ½ łyżki posiekanego świeżego oregano
- 6 odsączonych suszonych pomidorów w oleju, posiekanych
- 50 g fety, pokrojonej w kostkę
- ⅔ szklanki mąki zwykłej
- 3 jajka, lekko ubite
- Sól i mielony czarny pieprz

INSTRUKCJE:

a) Wodę, ryż i sól umieścić w małym rondlu i zagotować na średnim ogniu. Zmniejsz ogień do średniego, przykryj szczelnie przylegającą pokrywką i gotuj przez 15 minut. Ugotowany ryż przełóż do średniej miski.

b) W międzyczasie rozgrzej 60 ml (¼ szklanki) oleju na dużej patelni na średnim ogniu. Dodaj bakłażana i gotuj bez przykrycia, często mieszając, przez 20 minut lub do miękkości. Dodaj czosnek i smaż, mieszając, przez 1 minutę. Zdjąć z ognia i odstawić na 5 minut, aby lekko przestygło. Przenieś mieszaninę bakłażanów do miski robota kuchennego i zmiksuj na grube puree.

c) Połącz jogurt i 2 łyżeczki oregano w małej misce. Przykryj i odłóż na bok.

d) Za pomocą widelca oddziel ziarna ryżu. Dodaj mieszankę bakłażanów, resztę oregano, suszone pomidory, fetę, mąkę, jajka, sól i pieprz do ryżu i delikatnie wymieszaj, aż składniki się połączą.

e) Rozgrzej 2 łyżki pozostałego oleju na dużej patelni z powłoką nieprzywierającą na średnim ogniu. Wrzuć osobno około 5 łyżek mieszanki na patelnię i użyj tylnej części łyżki, aby lekko spłaszczyć każdą z nich. Smaż przez 2 minuty z każdej strony lub do złotego koloru.

f) Przełożyć na duży talerz i luźno przykryć folią, aby utrzymać ciepło.

g) Powtórz tę czynność partiami z pozostałą mieszanką oleju i ryżu. Podawać natychmiast z jogurtem z oregano.

38.Greckie Nachos z Kurczakiem

SKŁADNIKI:
- 2 szklanki ugotowanego, rozdrobnionego kurczaka
- 1 opakowanie chipsów pita
- 1 szklanka pokruszonego sera feta
- ½ szklanki pokrojonego w kostkę ogórka
- ¼ szklanki pokrojonej w kostkę czerwonej cebuli
- ¼ szklanki posiekanych oliwek Kalamata
- ¼ szklanki posiekanej świeżej pietruszki
- ¼ szklanki sosu tzatziki do podania

INSTRUKCJE:
a) Rozgrzej piekarnik do 375°F.
b) Na blasze do pieczenia rozłóż chipsy pita w jednej warstwie.
c) Posyp chipsy pokruszonym serem feta, a następnie połóż na nich ugotowanego i posiekanego kurczaka.
d) Piec przez 10-15 minut lub do momentu, aż ser się roztopi i zarumieni.
e) Na wierzch połóż pokrojony w kostkę ogórek, pokrojoną w kostkę czerwoną cebulę, posiekane oliwki Kalamata i posiekaną świeżą pietruszkę.
f) Podawać z sosem tzatziki z boku.

39.Bruschetta ze smoczych owoców

SKŁADNIKI:

- 1 smoczy owoc
- ½ szklanki pokrojonego w kostkę pomidora
- ¼ szklanki posiekanej bazylii
- ¼ szklanki pokruszonego sera feta
- 2 łyżki glazury balsamicznej
- Plasterki bagietki opiekane

INSTRUKCJE:

a) Smoczy owoc przekrój na pół i wydrąż miąższ.
b) W średniej misce połącz smoczy owoc, pomidor, bazylię i ser feta.
c) Dobrze wymieszaj i odstaw bruschettę na co najmniej 10 minut, aby smaki się połączyły.
d) Na każdym kawałku bagietki połóż bruschettę z owocami smoka i skrop polewą balsamiczną.
e) Natychmiast podawaj.

40.Bruschetta z Oliwki

SKŁADNIKI:
- 4 plasterki bólu au levain, pokrojone na 4 do 6 kawałków na plasterek
- 2 ząbki czosnku
- Około 1 łyżka oliwy z oliwek z pierwszego tłoczenia
- 4 uncje sera feta, pokrojonego w plasterki
- Tarta skórka z 1 cytryny
- 4 uncje Jacka, Fontiny lub łagodnego Asiago, pokrojonego w cienkie plasterki
- Około 3 uncji młodej rukoli

INSTRUKCJE:
a)   Rozgrzej brojler.
b)   Lekko opiecz chleb pod grillem. Zdjąć z ognia i natrzeć z obu stron czosnkiem.
c)   Tosty posmarowane czosnkiem ułóż na blasze do pieczenia i skrop delikatnie oliwą z oliwek, następnie połóż na nich ser feta, posyp skórką z cytryny, posyp serem Jack i na koniec skrop oliwą z oliwek.
d)   Zapiekaj, aż ser się roztopi i zacznie lekko bulgotać.
e)   Podawaj natychmiast, każdą małą kanapkę z grillowanym serem z otwartą twarzą, posypaną małą garścią liści rukoli.

41. Quiche ze szpinakiem i fetą wonton

SKŁADNIKI:
- 12 opakowań wontonów
- 4 jajka
- 1/2 szklanki mleka
- 1/2 szklanki pokruszonego sera feta
- 1 szklanka posiekanych świeżych liści szpinaku
- Sól i pieprz do smaku

INSTRUKCJE:
a) Rozgrzej piekarnik do 375°F.
b) Spryskaj formę do muffinów nieprzywierającym sprayem kuchennym.
c) Wciśnij owijkę wonton do każdej muffinki.
d) W misce wymieszaj jajka z mlekiem.
e) Dodaj pokruszony ser feta i posiekane liście szpinaku.
f) Doprawić solą i pieprzem.
g) Wlać masę jajeczną do pucharków wonton.
h) Piec przez 15-20 minut, aż quiche się zetną i uzyskają złocisty kolor z wierzchu.
i) Podawać na gorąco lub w temperaturze pokojowej.

42.Pieczony burak czerwony z fetą i dukką

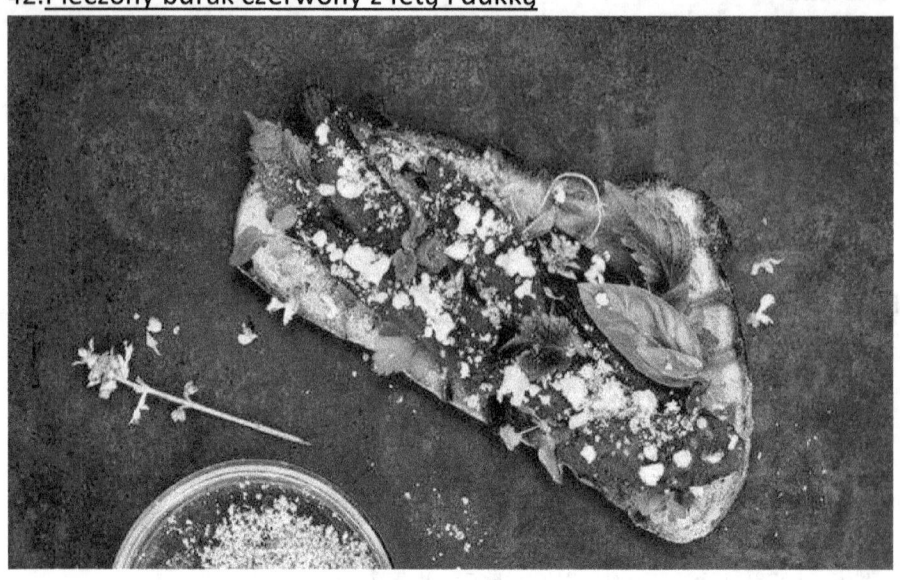

SKŁADNIKI:
- 6 małych czerwonych buraków
- 6 kromek chleba na zakwasie
- masło niesolone
- 2 uncje. feta, najlepiej z mleka koziego
- 6 łyżek Dukki
- świeże mieszanki ziół, np. oregano, pietruszka, shiso i bazylia
- płatki soli morskiej

INSTRUKCJE:
a) Zbierz buraki i połóż je na wolnej od węgla stronie grilla.
b) Zamknij pokrywkę i piecz przez 1 godzinę na pośrednim ogniu, aż buraki będą miękkie po lekkim naciśnięciu.
c) Obierz buraki.
d) Posmaruj kawałki chleba masłem, następnie szybko usmaż je z jednej strony bez masła, następnie przewróć je na drugą stronę i podgrzewaj, aż pojawią się wyraźne paski grilla.
e) Buraki pokroić w kostkę i posypać pokruszoną fetą. Połóż na grillu na 2 minuty, aby ser się roztopił.
f) Na każdym tościе ułóż kilka plasterków buraka z fetą, posyp Dukkah, ziołami i płatkami soli morskiej i podawaj.

Wrapy i kanapki

43. Pita, Pesto i Parmezan

SKŁADNIKI:

- 1 (6 uncji) opakowanie Pesto z suszonych pomidorów
- 3 łyżki oliwy z oliwek
- 6 (6 cali) pełnoziarnistych chlebów pita
- mielony czarny pieprz do smaku
- 2 pomidory roma (śliwkowe), posiekane
- 1 pęczek szpinaku, opłukany i posiekany
- 4 świeże grzyby, pokrojone w plasterki
- ½ szklanki pokruszonego sera feta
- 2 łyżki startego parmezanu

INSTRUKCJE:

a) Zanim zrobisz cokolwiek innego, ustaw piekarnik na 350 stopni.
b) Każdy kawałek pity posmaruj pesto, a następnie ułóż na nim: paprykę, pomidory, oliwę z oliwek, szpinak, parmezan, grzyby i fetę.
c) Piecz chleb przez 15 minut w piekarniku, a następnie przed podaniem pokrój go w trójkąty.
d) Cieszyć się.

44.Okład z suszonych pomidorów i fety

SKŁADNIKI:

- 1 opakowanie tortilli
- 2 łyżki pokruszonego sera feta
- 2 łyżki posiekanych suszonych pomidorów
- ¼ szklanki posiekanej sałaty
- Sól i pieprz do smaku

INSTRUKCJE:

a) Na opakowaniu tortilli rozsmaruj pokruszony ser feta.
b) Na wierzch dodajemy suszone pomidory i posiekaną sałatę.
c) Doprawić solą i pieprzem.
d) Zwiń ciasno i przekrój na pół.

45. Greckie burgery z indyka

SKŁADNIKI:

- 1 funt mielonego indyka
- 1/2 szklanki sera feta, pokruszonego
- 1/4 szklanki posiekanej świeżej pietruszki
- 2 ząbki czosnku, posiekane
- 1 łyżeczka suszonego oregano
- 1/2 łyżeczki soli
- 1/4 łyżeczki czarnego pieprzu
- Bułki do hamburgerów
- Dodatki do wyboru (sałata, pomidor, czerwona cebula itp.)

INSTRUKCJE:

a) W misce wymieszaj zmielonego indyka, ser feta, pietruszkę, czosnek, oregano, sól i czarny pieprz. Dobrze wymieszaj.
b) Podziel masę na cztery równe części i uformuj z nich kotlety burgerowe.
c) Rozgrzej grill lub patelnię na średnim ogniu i smaż placki przez około 5-6 minut z każdej strony lub do momentu, aż będą ugotowane.
d) W razie potrzeby podgrzej bułki hamburgerowe.
e) Złóż burgery, układając ugotowane paszteciki na bułkach i dodając ulubione dodatki.
f) Podaj greckie burgery z indykiem.

46.Śródziemnomorski Wrap Warzywny

SKŁADNIKI:

- Okłady z tortilli
- 1/2 szklanki sera feta, pokruszonego
- 1/2 szklanki pieczonej czerwonej papryki, pokrojonej w plasterki
- 1/4 szklanki pokrojonych w plasterki oliwek Kalamata
- 1/4 szklanki pokrojonego w kostkę ogórka
- 1/4 szklanki pokrojonych w kostkę pomidorów
- 2 łyżki posiekanej świeżej bazylii
- 2 łyżki sosu greckiego

INSTRUKCJE:

a) Połóż tortillę płasko na czystej powierzchni.
b) Całość równomiernie posypujemy pokruszonym serem feta.
c) Na wierzchu ułóż pieczoną czerwoną paprykę, oliwki Kalamata, pokrojony w kostkę ogórek, pokrojone w kostkę pomidory i posiekaną świeżą bazylię.
d) Nadzienie polewamy sosem greckim.
e) Zwiń ciasno wrap i w razie potrzeby pokrój go na porcje.
f) Podawaj śródziemnomorski wrap warzywny.

47. Kanapka z sałatką z grillowanym kurczakiem i fetą

SKŁADNIKI:
- 2 szklanki ugotowanej i posiekanej piersi z kurczaka
- 1/2 szklanki sera feta, pokruszonego
- 1/4 szklanki jogurtu greckiego
- 1 łyżka soku z cytryny
- 2 łyżki posiekanego świeżego koperku
- Sól i pieprz do smaku
- Krojony chleb według własnego uznania
- Liście sałaty
- Pokrojony ogórek i pomidor (opcjonalnie)

INSTRUKCJE:
a) W misce wymieszaj rozdrobnionego kurczaka, ser feta, jogurt grecki, sok z cytryny, posiekany koperek, sól i pieprz. Dobrze wymieszaj.
b) Rozłóż mieszaninę kurczaka i fety na kromkach chleba.
c) Na wierzch ułóż liście sałaty, plasterki ogórka i pomidora, jeśli chcesz.
d) Zamknij kanapki dodatkowymi kromkami chleba.
e) Przekrój kanapki na pół i podawaj.

48. Śródziemnomorski burger z grzybami Portobello

SKŁADNIKI:
- 4 duże kapelusze grzybów Portobello
- 1/4 szklanki octu balsamicznego
- 2 łyżki oliwy z oliwek
- 4 uncje sera feta, pokruszonego
- 1/4 szklanki suszonych pomidorów, posiekanych
- 2 szklanki liści szpinaku baby
- Bułki do hamburgerów
- Dodatki do wyboru (pokrojona czerwona cebula, pomidor itp.)

INSTRUKCJE:

a) W płytkim naczyniu wymieszaj ocet balsamiczny i oliwę z oliwek.

b) Umieść kapelusze grzybów Portobello w naczyniu i pozostaw je w marynacie na 10 minut, raz przewracając.

c) Rozgrzej grill lub patelnię na średnim ogniu i smaż grzyby przez około 4-5 minut z każdej strony lub do miękkości.

d) Na ostatnią minutę gotowania posypujemy każdą główkę pieczarki pokruszonym serem feta i posiekanymi suszonymi pomidorami, aby lekko się roztopiły.

e) W razie potrzeby podgrzej bułki hamburgerowe.

f) Złóż burgery, układając grillowane grzyby na bułkach, dodając liście młodego szpinaku i ulubione dodatki.

g) Podawaj śródziemnomorskie burgery z grzybami Portobello.

49.Grecka Pita z kurczaka

SKŁADNIKI:
- 2 piersi z kurczaka bez kości i skóry
- 1/4 szklanki oliwy z oliwek
- 1 łyżka soku z cytryny
- 2 ząbki czosnku, posiekane
- 1 łyżeczka suszonego oregano
- Sól i pieprz do smaku
- 4 krążki chleba pita
- 1/2 szklanki sera feta, pokruszonego
- 1/4 szklanki pokrojonych w plasterki oliwek Kalamata
- 1/4 szklanki pokrojonego w kostkę ogórka
- 1/4 szklanki pokrojonych w kostkę pomidorów
- Sos tzatziki

INSTRUKCJE:
a) W misce wymieszaj oliwę, sok z cytryny, przeciśnięty przez praskę czosnek, suszone oregano, sól i pieprz.
b) Do miski włóż piersi z kurczaka i obtocz je w marynacie. Pozwól im marynować przez co najmniej 30 minut.
c) Rozgrzej grill lub patelnię na średnim ogniu i smaż piersi z kurczaka przez około 6-7 minut z każdej strony lub do momentu, aż będą ugotowane. Pozwól im odpocząć przez kilka minut przed pokrojeniem.
d) Podgrzej krążki chleba pita w tosterze lub na grillu.
e) Usmażone piersi z kurczaka pokroić w paski.
f) Otwórz krążki chleba pita i napełnij je pokrojonym kurczakiem, pokruszonym serem feta, pokrojonymi oliwkami Kalamata, pokrojonym w kostkę ogórkiem, pokrojonymi w kostkę pomidorami i odrobiną sosu tzatziki.
g) Podawaj greckie pitas z kurczakiem.

50. Burger z indyka nadziewany fetą i szpinakiem

SKŁADNIKI:

- 1 funt mielonego indyka
- 1/2 szklanki sera feta, pokruszonego
- 1/2 szklanki posiekanego świeżego szpinaku
- 1/4 szklanki bułki tartej
- 1 ząbek czosnku, posiekany
- 1 łyżeczka suszonego oregano
- Sól i pieprz do smaku
- Bułki do hamburgerów
- Dodatki do wyboru (sałata, pomidor, czerwona cebula itp.)

INSTRUKCJE:

a) W misce wymieszaj mielonego indyka, ser feta, posiekany szpinak, bułkę tartą, przeciśnięty przez praskę czosnek, suszone oregano, sól i pieprz. Dobrze wymieszaj.

b) Podziel masę na cztery równe części i uformuj z nich kotlety burgerowe.

c) Rozgrzej grill lub patelnię na średnim ogniu i smaż placki przez około 5-6 minut z każdej strony lub do momentu, aż będą ugotowane.

d) W razie potrzeby podgrzej bułki hamburgerowe.

e) Złóż burgery, układając ugotowane paszteciki na bułkach i dodając ulubione dodatki.

f) Podawaj burgery z indyka nadziewane fetą i szpinakiem.

51. Wrap z Kurczakiem Caprese

SKŁADNIKI:
- Okłady z tortilli
- 1 szklanka ugotowanej i posiekanej piersi z kurczaka
- 1/2 szklanki sera feta, pokruszonego
- 1/2 szklanki pomidorków cherry, przekrojonych na połówki
- 1/4 szklanki świeżych liści bazylii, podartych
- 2 łyżki glazury balsamicznej
- Sól i pieprz do smaku

INSTRUKCJE:
a) Połóż tortillę płasko na czystej powierzchni.
b) Na opakowaniu rozłóż ugotowaną i posiekaną pierś kurczaka.
c) Kurczaka równomiernie posypujemy pokruszonym serem feta.
d) Na wierzchu ułóż połówki pomidorków koktajlowych i poszarpane liście świeżej bazylii.
e) Nadzienie polewamy polewą balsamiczną.
f) Dopraw solą i pieprzem do smaku.
g) Zwiń ciasno wrap i w razie potrzeby pokrój go na porcje.
h) Podawaj wrapy z kurczakiem Caprese.

52.Burger z grzybami Portobello nadziewany fetą i szpinakiem

SKŁADNIKI:

- 4 duże kapelusze grzybów Portobello
- 2 łyżki oliwy z oliwek
- 1 szklanka świeżych liści szpinaku
- 1/2 szklanki sera feta, pokruszonego
- 1/4 szklanki pokrojonych w plasterki oliwek Kalamata
- Sól i pieprz do smaku
- Bułki do hamburgerów
- Dodatki do wyboru (pokrojona czerwona cebula, pomidor itp.)

INSTRUKCJE:

a) Rozgrzej grill lub patelnię na średnim ogniu.
b) Kapelusze grzybów Portobello posmaruj oliwą z oliwek, dopraw solą i pieprzem.
c) Gotuj kapelusze grzybów przez około 4-5 minut z każdej strony lub do miękkości.
d) Zdejmij grzyby z ognia i pozwól im lekko ostygnąć.
e) Rozgrzej piekarnik do 175°C (350°F).
f) W misce wymieszaj świeże liście szpinaku, pokruszony ser feta i pokrojone oliwki Kalamata.
g) Usuń nóżki z kapeluszy grzybów i nałóż na nie mieszaninę szpinaku i fety.
h) Nadziewane grzyby ułóż na blasze do pieczenia i piecz przez około 10 minut lub do momentu, aż ser się roztopi.
i) W razie potrzeby podgrzej bułki hamburgerowe.
j) Złóż burgery, układając nadziewane grzyby na bułkach i dodając ulubione dodatki.
k) Podawaj burgery z grzybami Portobello nadziewane fetą i szpinakiem.

53. Wrap z sałatką grecką z ciecierzycy

SKŁADNIKI:
- Okłady z tortilli
- 1 puszka (15 uncji) ciecierzycy, opłukana i odsączona
- 1/2 szklanki sera feta, pokruszonego
- 1/4 szklanki pokrojonego w kostkę ogórka
- 1/4 szklanki pokrojonych w kostkę pomidorów
- 1/4 szklanki pokrojonej w kostkę czerwonej cebuli
- 2 łyżki posiekanej świeżej natki pietruszki
- 2 łyżki soku z cytryny
- 2 łyżki oliwy z oliwek
- Sól i pieprz do smaku

INSTRUKCJE:

a) W misce wymieszaj ciecierzycę, ser feta, pokrojony w kostkę ogórek, pokrojone w kostkę pomidory, pokrojoną w kostkę czerwoną cebulę, posiekaną natkę pietruszki, sok z cytryny, oliwę z oliwek, sól i pieprz. Dobrze wymieszaj.
b) Połóż tortillę płasko na czystej powierzchni.
c) Na wrapie rozsmaruj warstwę sałatki z ciecierzycy.
d) Zwiń ciasno wrap i w razie potrzeby pokrój go na porcje.
e) Podawaj wrap z sałatką grecką z ciecierzycy.

54. Kanapka z piersią kurczaka nadziewaną fetą i szpinakiem

SKŁADNIKI:
- 2 piersi z kurczaka bez kości i skóry
- Sól i pieprz do smaku
- 1/4 szklanki sera feta, pokruszonego
- 1/4 szklanki posiekanego świeżego szpinaku
- 1/4 szklanki suszonych pomidorów, posiekanych
- 2 łyżki oliwy z oliwek
- 2 ząbki czosnku, posiekane
- Bułki do hamburgerów
- Dodatki do wyboru (sałata, pomidor, czerwona cebula itp.)

INSTRUKCJE:
a) Rozgrzej piekarnik do 190°C (375°F).
b) Każdą pierś z kurczaka przekrój poziomo, tworząc kieszeń.
c) Piersi z kurczaka doprawiamy solą i pieprzem.
d) W misce wymieszaj ser feta, posiekany szpinak i suszone pomidory.
e) Napełnij każdą kieszonkę z piersi kurczaka mieszanką fety i szpinaku, a następnie zabezpiecz wykałaczkami.
f) Na patelni żaroodpornej rozgrzej oliwę z oliwek na średnim ogniu.
g) Dodajemy posiekany czosnek i smażymy około 1 minuty.
h) Umieść nadziewane piersi z kurczaka na patelni i smaż przez 2-3 minuty z każdej strony lub do momentu, aż się zarumienią.
i) Przenieś patelnię do nagrzanego piekarnika i piecz przez około 15-20 minut lub do momentu, aż kurczak będzie ugotowany.
j) Wyjmij kurczaka z piekarnika i odstaw go na kilka minut. Usuń wykałaczki.
k) W razie potrzeby podgrzej bułki hamburgerowe.
l) Złóż kanapki, układając nadziewane piersi z kurczaka na bułkach i dodając ulubione dodatki.
m) Podawaj kanapki z piersią kurczaka nadziewane fetą i szpinakiem.

DANIE GŁÓWNE

55. Marokańska lasagne jagnięca

SKŁADNIKI:

- 9 makaronów lasagne
- 1 funt mielonej jagnięciny
- 1 cebula, posiekana
- 3 ząbki czosnku, posiekane
- 1 puszka (14 uncji) pokrojonych w kostkę pomidorów
- 2 łyżki koncentratu pomidorowego
- 1 łyżeczka mielonego kminku
- 1 łyżeczka mielonej kolendry
- ½ łyżeczki mielonego cynamonu
- ½ łyżeczki soli
- ¼ łyżeczki czarnego pieprzu
- 2 szklanki sosu beszamelowego (biały sos)
- 1 szklanka pokruszonego sera feta
- ¼ szklanki posiekanej świeżej mięty

INSTRUKCJE:

a) Rozgrzej piekarnik do 190°C i lekko natłuść naczynie do pieczenia o wymiarach 9 x 13 cali.
b) Ugotuj makaron lasagne zgodnie z instrukcją na opakowaniu. Odcedź i odłóż na bok.
c) Na dużej patelni podsmaż mieloną jagnięcinę, posiekaną cebulę i posiekany czosnek, aż jagnięcina się zrumieni, a cebula zmięknie. Odsączyć nadmiar tłuszczu.
d) Wymieszaj pokrojone w kostkę pomidory, koncentrat pomidorowy, mielony kminek, mieloną kolendrę, mielony cynamon, sól i czarny pieprz. Dusić przez 10 minut.
e) W osobnym rondelku przygotuj sos beszamelowy zgodnie z instrukcją na opakowaniu lub przygotuj go od podstaw.
f) Na dnie naczynia do zapiekania rozsmaruj cienką warstwę sosu mięsnego. Na wierzchu ułóż trzy makarony lasagne.
g) Na makaron połóż warstwę sosu beszamelowego, a następnie warstwę sosu mięsnego.
h) Powtórz warstwy z trzema makaronami lasagne, sosem beszamelowym i sosem mięsnym.
i) Na wierzch połóż pozostałe trzy makarony lasagne i polej pozostałym sosem beszamelowym.
j) Posyp pokruszonym serem feta na wierzchu.
k) Przykryj naczynie do pieczenia folią i piecz przez 25 minut.
l) Zdejmij folię i piecz przez kolejne 10 minut, aż ser się roztopi i zarumieni.
m) Przed podaniem odczekaj kilka minut, aż ostygnie.
n) Udekoruj posiekaną świeżą miętą.

56.Grecka lasagne musaka

SKŁADNIKI:

- 9 makaronów lasagne
- 1 funt mielonej jagnięciny
- 1 cebula, posiekana
- 3 ząbki czosnku, posiekane
- 1 puszka (14 uncji) pokrojonych w kostkę pomidorów
- 2 łyżki koncentratu pomidorowego
- 1 łyżeczka suszonego oregano
- ½ łyżeczki mielonego cynamonu
- ½ łyżeczki soli
- ¼ łyżeczki czarnego pieprzu
- 2 szklanki sosu beszamelowego (biały sos)
- 1 szklanka pokruszonego sera feta
- ¼ szklanki posiekanej świeżej pietruszki

INSTRUKCJE:

a) Rozgrzej piekarnik do 190°C i lekko natłuść naczynie do pieczenia o wymiarach 9 x 13 cali.
b) Ugotuj makaron lasagne zgodnie z instrukcją na opakowaniu. Odcedź i odłóż na bok.
c) Na dużej patelni podsmaż mieloną jagnięcinę, posiekaną cebulę i posiekany czosnek, aż jagnięcina się zrumieni, a cebula zmięknie. Odsączyć nadmiar tłuszczu.
d) Wymieszaj pokrojone w kostkę pomidory, koncentrat pomidorowy, suszone oregano, mielony cynamon, sól i czarny pieprz. Dusić przez 10 minut.
e) W osobnym rondelku przygotuj sos beszamelowy zgodnie z instrukcją na opakowaniu lub przygotuj go od podstaw.
f) Na dnie naczynia do zapiekania rozsmaruj cienką warstwę sosu mięsnego. Na wierzchu ułóż trzy makarony lasagne.
g) Na makaron połóż warstwę sosu beszamelowego, a następnie warstwę sosu mięsnego.
h) Powtórz warstwy z trzema makaronami lasagne, sosem beszamelowym i sosem mięsnym.
i) Na wierzch połóż pozostałe trzy makarony lasagne i polej pozostałym sosem beszamelowym.
j) Posyp pokruszonym serem feta na wierzchu.
k) Przykryj naczynie do pieczenia folią i piecz przez 25 minut.
l) Zdejmij folię i piecz przez kolejne 10 minut, aż ser się roztopi i zarumieni.
m) Przed podaniem odczekaj kilka minut, aż ostygnie.
n) Udekoruj posiekaną świeżą natką pietruszki.

57. Lasagne z czterema serami

SKŁADNIKI:

- 9 makaronów lasagne, ugotowanych i odsączonych
- 2 szklanki startego sera mozzarella
- 1 szklanka startego parmezanu
- 1 szklanka sera ricotta
- 1 szklanka pokruszonego sera feta
- 2 szklanki sosu marinara
- Świeże liście bazylii do dekoracji (opcjonalnie)

INSTRUKCJE:

a) Rozgrzej piekarnik do 190°C (375°F).
b) W natłuszczonym naczyniu do pieczenia rozsmaruj na dnie cienką warstwę sosu marinara.
c) Na wierzchu sosu ułóż 3 makarony lasagne, lekko nachodząc na siebie.
d) Na makaron połóż warstwę sera ricotta, posyp tartym parmezanem, startym serem mozzarella i pokruszonym serem feta.
e) Powtarzaj warstwy, na przemian makaron, sos marinara, ser ricotta, parmezan, ser mozzarella i ser feta. Na koniec połóż warstwę sosu marinara i obficie posyp startym serem mozzarella.
f) Przykryj naczynie do pieczenia folią i piecz w nagrzanym piekarniku przez 25 minut. Następnie zdejmij folię i piecz przez kolejne 10-15 minut, aż ser będzie złocisty i musujący.
g) Po upieczeniu wyjmij lasagne z piekarnika i odstaw ją na kilka minut przed podaniem.
h) W razie potrzeby udekoruj listkami świeżej bazylii.

58. Lasagne z fetą i oliwkami

SKŁADNIKI:
- 9 makaronów lasagne, ugotowanych i odsączonych
- 2 szklanki pokruszonego sera feta
- 1 szklanka startego sera mozzarella
- 1 szklanka startego parmezanu
- 1 szklanka pokrojonych w plasterki oliwek Kalamata
- 1 szklanka posiekanych suszonych pomidorów
- 2 szklanki sosu marinara
- Świeże liście pietruszki do dekoracji (opcjonalnie)

INSTRUKCJE:
a) Rozgrzej piekarnik do 190°C (375°F).
b) W natłuszczonym naczyniu do pieczenia rozsmaruj na dnie cienką warstwę sosu marinara.
c) Na wierzchu sosu ułóż 3 makarony lasagne, lekko nachodząc na siebie.
d) Posyp makaron warstwą pokruszonego sera feta, startego sera mozzarella i startego parmezanu.
e) Na serze ułóż warstwę pokrojonych w plasterki oliwek Kalamata i posiekanych suszonych pomidorów.
f) Powtarzaj warstwy, na przemian makaron, sos marinara, ser feta, ser mozzarella, parmezan, oliwki Kalamata i suszone pomidory. Na koniec połóż warstwę sosu marinara i obficie posyp startym serem mozzarella.
g) Przykryj naczynie do pieczenia folią i piecz w nagrzanym piekarniku przez 25 minut. Następnie zdejmij folię i piecz przez kolejne 10-15 minut, aż ser będzie złocisty i musujący.
h) Po upieczeniu wyjmij lasagne z piekarnika i odstaw ją na kilka minut przed podaniem.
i) W razie potrzeby udekoruj świeżymi liśćmi pietruszki.

59. Małże z bazylią Puttanesca

SKŁADNIKI:
- ½ szklanki bazylii
- ½ szklanki włoskiej pietruszki
- ½ szklanki orzechów włoskich
- ¼ szklanki oliwy z oliwek
- 2 posiekane ząbki czosnku
- 2 łyżki soku z cytryny
- ½ łyżeczki soli
- 8 uncji makaron z włosami anioła
- 2 posiekane słodkie czerwone papryczki wiśniowe
- 1 posiekany pomidor
- 1/8 szklanki suszonych pomidorów w oleju
- 2 łyżki pokruszonego sera feta
- 1/8 szklanki posiekanej oliwy według własnego uznania
- 1 łyżeczka kaparów
- 3 2/3 uncji wędzone małże
- pieprz

INSTRUKCJE:
a) Aby przygotować pesto w robocie kuchennym, dodaj orzechy włoskie, świeże zioła, czosnek, sok z cytryny, oliwę z oliwek i sól, a następnie pulsuj, aż masa będzie gładka.
b) Przygotuj makaron zgodnie z instrukcją na opakowaniu.
c) W dużym naczyniu umieść pesto, makaron i pozostałe składniki i wymieszaj, aby dobrze się nimi pokryły.

60. Kurczak nadziewany suszonymi pomidorami i szpinakiem

SKŁADNIKI:
- 4 piersi z kurczaka bez kości i skóry
- ½ szklanki posiekanych suszonych pomidorów
- ½ szklanki posiekanego szpinaku
- ¼ szklanki pokruszonego sera feta
- 1 ząbek czosnku, posiekany
- Sól i pieprz do smaku

INSTRUKCJE:
a) Rozgrzej piekarnik do 375°F.
b) W misce wymieszaj suszone pomidory, szpinak, ser feta, czosnek, sól i pieprz.
c) Zrób kieszeń w piersiach kurczaka, nacinając nacięcie w najgrubszej części piersi.
d) Napełnij piersi kurczaka mieszanką suszonych pomidorów.
e) Zabezpieczyć wykałaczkami lub sznurkiem kuchennym.
f) Umieść nadziewane piersi z kurczaka w naczyniu do pieczenia.
g) Piec przez 25-30 minut lub do momentu, aż kurczak będzie ugotowany.
h) Przed pokrojeniem i podaniem odstaw na kilka minut.

61.Suszone Pomidory i Feta Portobellos

SKŁADNIKI:
- 4 duże pieczarki Portobello
- ½ szklanki pokruszonego sera feta
- ¼ szklanki posiekanych suszonych pomidorów
- ¼ szklanki posiekanej świeżej pietruszki
- 1 ząbek czosnku, posiekany
- ¼ szklanki bułki tartej
- Sól i pieprz do smaku

INSTRUKCJE:
a) Rozgrzej piekarnik do 375°F.
b) Oczyść grzyby Portobello i usuń łodygi.
c) W misce wymieszaj pokruszony ser feta, posiekane suszone pomidory, posiekaną świeżą pietruszkę, przeciśnięty przez praskę czosnek, bułkę tartą, sól i pieprz.
d) Powstałą mieszanką nafaszeruj każdego grzyba.
e) Na blasze do pieczenia ułóż faszerowane grzyby.
f) Piec 20-25 minut lub do momentu, aż grzyby będą miękkie, a ser się roztopi.
g) Podawać na gorąco.

62. Placek z tuńczyka z suszonymi pomidorami i fetą

SKŁADNIKI:

- 3 jajka
- 1 duża puszka tuńczyka 400 gr (280 gr odsączonego)
- 200 gramów mąki
- 1 opakowanie proszku do pieczenia 11 gr
- 50 ml oliwy z oliwek
- 100 ml mleka lub mleka roślinnego
- 125 gramów fety
- 75 gramów suszonych pomidorów

INSTRUKCJE:

a) Rozgrzej piekarnik do 180°C / 350°F
b) W misce ubij jajka tak, jakbyś robił omlet.
c) Dodać mąkę i proszek do pieczenia i połączyć.
d) Następnie oliwę i mleko ponownie wymieszać, aż uzyskamy gładkie ciasto.
e) Tuńczyka odcedź, grubo pokrusz i dodaj do preparatu. Łączyć.
f) Suszone pomidory odsączyć i pokroić na kawałki. Dodaj je do preparatu wraz z kostkami fety.
g) Formę do pieczenia wysmaruj olejem lub masłem, posyp odrobiną mąki (lub użyj formy silikonowej, nie trzeba smarować).
h) Wlać ciasto i piec przez około 45 minut w temperaturze 180°C. Gdy czubek noża jest suchy, bochenek jest upieczony.

ZUPY

63. Zupa Pomidorowa i Feta

SKŁADNIKI:

- 2 łyżki oliwy z oliwek
- 1 cebula, posiekana
- 2 ząbki czosnku, posiekane
- 1 puszka (28 uncji) pokruszonych pomidorów
- 4 szklanki bulionu warzywnego
- 1 łyżeczka suszonej bazylii
- 1 łyżeczka suszonego oregano
- Sól i pieprz do smaku
- 1/2 szklanki pokruszonego sera feta
- Świeże liście bazylii do dekoracji

INSTRUKCJE:

a) Rozgrzej oliwę z oliwek w dużym garnku na średnim ogniu.
b) Dodaj posiekaną cebulę i posiekany czosnek i smaż, aż cebula będzie miękka i przezroczysta.
c) Dodać rozdrobnione pomidory, bulion warzywny, suszoną bazylię, suszone oregano, sól i pieprz. Mieszaj do połączenia.
d) Doprowadź zupę do wrzenia i gotuj przez około 15-20 minut, aby smaki się przegryzły.
e) Użyj blendera zanurzeniowego lub przenieś zupę do blendera i zmiksuj na gładką masę.
f) Zupę wlać z powrotem do garnka i wymieszać z pokruszonym serem feta, aż się rozpuści i połączy.
g) Posmakuj i w razie potrzeby dopraw do smaku.
h) Podawaj gorącą zupę pomidorową i fetą, udekorowaną świeżymi liśćmi bazylii.

64.Zupa Brokułowa Mikrozielona Z Fetą

SKŁADNIKI:

- 1 żółta cebula, pokrojona w krążki
- 1 szklanka fasoli granatowej, gotowanej lub z puszki
- 4 szklanki bulionu warzywnego
- 4 całe ząbki czosnku, obrane
- 3 łyżki niesolonych, prażonych nasion słonecznika
- 1 łyżka oleju z pestek winogron
- ¼ łyżeczki soli
- 3 uncje sera feta, posiekanego
- Sok z ½ cytryny
- ½ łyżeczki chili w proszku
- 2 szklanki mikrogreenów brokułów
- 1 główka brokułów, podzielona na różyczki
- 2 łyżki oliwy z oliwek z pierwszego tłoczenia

INSTRUKCJE:

a) Rozgrzej piekarnik do 425°F.

b) W naczyniu miksującym wymieszaj brokuły, cebulę i czosnek z oliwą i solą.

c) Brokuły ułóż na blasze do pieczenia i rozprowadź.

d) Piec przez 25 minut, okresowo mieszając.

e) W blenderze zmiksuj bulion, pieczone warzywa, mikro warzywa, fetę, fasolę, sok z cytryny i proszek chili, aż będą całkowicie gładkie.

f) W garnku podgrzej zupę.

g) Podawać udekorowane większą ilością mikroliście, fetą, nasionami słonecznika i odrobiną oleju.

65. Zupa Makaronowa ze Szpinakiem i Fetą oraz Serem

SKŁADNIKI:
- 2 szklanki ugotowanego makaronu
- 3 szklanki bulionu warzywnego
- 1 szklanka mleka
- 2 szklanki świeżych liści szpinaku
- ½ szklanki pokruszonego sera feta
- ¼ szklanki pokrojonej w kostkę cebuli
- 2 łyżki masła
- 2 łyżki mąki uniwersalnej
- Sól i pieprz do smaku

INSTRUKCJE:
a) W dużym garnku rozpuść masło na średnim ogniu.
b) Dodaj pokrojoną w kostkę cebulę do garnka i smaż, aż stanie się przezroczysta.
c) Posyp cebulę mąką i dobrze wymieszaj, aby składniki się połączyły.
d) Stopniowo wlewaj bulion warzywny, cały czas mieszając.
e) Do garnka dodaj świeże liście szpinaku i zagotuj zupę.
f) Gotuj, aż szpinak zwiędnie i stanie się miękki, około 2-3 minut.
g) Do garnka dodać ugotowany makaron i mleko, wymieszać.
h) Mieszaj, aż pokruszony ser feta się rozpuści i będzie gładki.
i) Dopraw solą i pieprzem do smaku.
j) Gotuj jeszcze przez kilka minut, aby smaki się połączyły.
k) Podawaj gorącą zupę ze szpinakiem, makaronem feta i serem.

66.Zupa Szpinakowa i Feta

SKŁADNIKI:
- 2 łyżki oliwy z oliwek
- 1 cebula, posiekana
- 2 ząbki czosnku, posiekane
- 4 szklanki bulionu warzywnego
- 1 pęczek świeżego szpinaku, usunąć łodygi i posiekać liście
- 1/2 szklanki pokruszonego sera feta
- Sól i pieprz do smaku

INSTRUKCJE:

a) Rozgrzej oliwę z oliwek w dużym garnku na średnim ogniu.

b) Dodaj posiekaną cebulę i posiekany czosnek i smaż, aż cebula będzie miękka i przezroczysta.

c) Wlać bulion warzywny i doprowadzić do wrzenia.

d) Dodać posiekane liście szpinaku i dusić około 5 minut, aż zwiędną.

e) Użyj blendera zanurzeniowego lub przenieś zupę do blendera i zmiksuj na gładką masę.

f) Zupę wlać z powrotem do garnka i wymieszać z pokruszonym serem feta, aż się rozpuści i połączy.

g) Dopraw solą i pieprzem do smaku.

h) Podawać gorącą zupę ze szpinakiem i fetą.

67. Zupa Z Pieczonej Czerwonej Papryki I Fety

SKŁADNIKI:

- 2 czerwone papryki
- 2 łyżki oliwy z oliwek
- 1 cebula, posiekana
- 2 ząbki czosnku, posiekane
- 4 szklanki bulionu warzywnego
- 1/2 szklanki pokruszonego sera feta
- Sól i pieprz do smaku
- Świeże liście bazylii do dekoracji

INSTRUKCJE:

a) Rozgrzej brojler w piekarniku.
b) Połóż czerwoną paprykę na blasze do pieczenia i smaż ją, obracając od czasu do czasu, aż skórka stanie się czarna i pojawią się pęcherze.
c) Wyjmij paprykę z piekarnika i przełóż ją do miski. Przykryj miskę folią i pozostaw paprykę na około 10 minut.
d) Z pieczonej papryki obierz skórkę, usuń gniazda nasienne, a miąższ pokrój na mniejsze kawałki.
e) Rozgrzej oliwę z oliwek w dużym garnku na średnim ogniu.
f) Dodaj posiekaną cebulę i posiekany czosnek i smaż, aż cebula będzie miękka i przezroczysta.
g) Do garnka dodać posiekaną pieczoną czerwoną paprykę i bulion warzywny. Doprowadź do wrzenia.
h) Zmniejsz ogień i gotuj zupę przez około 15-20 minut.
i) Użyj blendera zanurzeniowego lub przenieś zupę do blendera i zmiksuj na gładką masę.
j) Zupę wlać z powrotem do garnka i wymieszać z pokruszonym serem feta, aż się rozpuści i połączy.
k) Dopraw solą i pieprzem do smaku.
l) Podawaj gorącą zupę z pieczonej czerwonej papryki i fety, udekorowaną świeżymi liśćmi bazylii.

68. Zupa z soczewicy i fety

SKŁADNIKI:

- 1 łyżka oliwy z oliwek
- 1 cebula, posiekana
- 2 ząbki czosnku, posiekane
- 1 marchewka, pokrojona w kostkę
- 1 łodyga selera, pokrojona w kostkę
- 1 szklanka suszonej soczewicy, opłukanej
- 4 szklanki bulionu warzywnego
- 1 liść laurowy
- 1 łyżeczka suszonego tymianku
- Sól i pieprz do smaku
- 1/2 szklanki pokruszonego sera feta
- Świeża natka pietruszki do dekoracji

INSTRUKCJE:

a) Rozgrzej oliwę z oliwek w dużym garnku na średnim ogniu.
b) Dodać posiekaną cebulę, posiekany czosnek, pokrojoną w kostkę marchewkę i pokrojony w kostkę seler. Smażyć, aż warzywa zmiękną.
c) Do garnka dodać suszoną soczewicę, bulion warzywny, liść laurowy, suszony tymianek, sól i pieprz. Mieszaj do połączenia.
d) Doprowadź zupę do wrzenia, następnie zmniejsz ogień i gotuj na wolnym ogniu przez około 30-40 minut lub do momentu, aż soczewica będzie miękka.
e) Usuń liść laurowy z zupy.
f) Użyj blendera zanurzeniowego lub przełóż porcję zupy do blendera i zmiksuj na gładką masę.
g) Zmiksowaną zupę włóż ponownie do garnka i dodaj pokruszony ser feta, aż się rozpuści i połączy.
h) Posmakuj i w razie potrzeby dopraw do smaku.
i) Podawaj gorącą zupę z soczewicy i fety, udekorowaną świeżą natką pietruszki.

SAŁATKI

69.Sałatka Pomidorowa Z Grillowanym Chlebem

SKŁADNIKI:

- 3 funty. pomidory, pokrojone w kawałki
- 1 ogórek, obrany i pokrojony w plasterki
- 4-uncjowy pojemnik pokruszonego sera feta
- ¼ szklanki octu balsamicznego
- ¼ łyżeczki soli
- ¼ łyżeczki pieprzu
- 8 grubych kromek chrupiącego włoskiego chleba, pokrojonych w kostkę
- 2 szklanki arbuza, pokrojonego w ½-calową kostkę
- 1 czerwona cebula, bardzo cienko pokrojona i podzielona na krążki
- Puszka 3,8 uncji pokrojonych w plasterki czarnych oliwek, odsączonych
- ¼ szklanki plus ½ łyżeczki oliwy z oliwek
- ½ szklanki świeżej bazylii, porwanej

INSTRUKCJE:

a) Połącz pomidory, ogórek, ser, ocet, sól i pieprz w dużej misce.

b) Wrzuć, aby wymieszać; przykryć i schłodzić przez godzinę. Połóż kostki chleba na nienatłuszczonej blasze do pieczenia.

c) Piec w temperaturze 350 stopni przez 5 minut lub do momentu lekko złotego.

d) W czasie serwowania do mieszanki pomidorowej dodaj kostki chleba i pozostałe składniki. Wymieszaj bardzo lekko i podawaj.

70.Sałatka Śródziemnomorska Gnocchi

SKŁADNIKI:
- 1 funtowe gnocchi ziemniaczane
- 1 szklanka ogórka, pokrojonego w kostkę
- 1 szklanka pomidorków koktajlowych, przekrojonych na połówki
- ½ szklanki oliwek Kalamata, wypestkowanych i przekrojonych na połówki
- ¼ szklanki czerwonej cebuli, pokrojonej w cienkie plasterki
- Ser feta, pokruszony
- Świeża pietruszka, posiekana
- Sos winegret cytrynowy

INSTRUKCJE:
a) Ugotuj gnocchi zgodnie z instrukcją na opakowaniu, następnie odcedź i odłóż na bok.
b) W dużej misce wymieszaj ugotowane gnocchi, ogórek, pomidorki koktajlowe, oliwki Kalamata, czerwoną cebulę, pokruszony ser feta i posiekaną natkę pietruszki.
c) Skropić cytrynowym sosem winegret i delikatnie wymieszać.
d) W razie potrzeby dostosuj przyprawę.
e) Podawaj śródziemnomorską sałatkę z gnocchi jako żywą i aromatyczną opcję.

71.Sałatka ze szpinakiem i fetą gnocchi

SKŁADNIKI:
- 1 funtowe gnocchi ziemniaczane
- Świeże liście szpinaku
- Ser feta, pokruszony
- Pomidory wiśniowe, przekrojone na połówki
- Czerwona cebula, cienko pokrojona
- Prażone orzeszki piniowe
- Balsamiczny sos winegret
- Sól i pieprz do smaku

INSTRUKCJE:
a) Ugotuj gnocchi zgodnie z instrukcją na opakowaniu, następnie odcedź i odłóż na bok.
b) W dużej misce połącz świeże liście szpinaku, pokruszony ser feta, połówki pomidorków cherry, cienko pokrojoną czerwoną cebulę i prażone orzeszki piniowe.
c) Do miski włóż ugotowane gnocchi i polej balsamicznym sosem winegret.
d) Doprawić solą i pieprzem.
e) Delikatnie wymieszaj, aby wszystkie składniki się połączyły.
f) Sałatkę ze szpinakiem i gnocchi fetą podawaj jako lekką i pożywną opcję.

72. Sałatka ze szparagów i komosy ryżowej

SKŁADNIKI:

- 1 pęczek szparagów
- 1 szklanka ugotowanej komosy ryżowej
- 1/4 szklanki posiekanych świeżych ziół (takich jak natka pietruszki, mięta lub bazylia)
- 1/4 szklanki pokruszonego sera feta
- 2 łyżki soku z cytryny
- 2 łyżki oliwy z oliwek extra virgin
- Sól i pieprz do smaku
- Dodatki do wyboru: pomidorki koktajlowe, ogórek pokrojony w kostkę, cebula czerwona pokrojona w plasterki

INSTRUKCJE:

a) Odetnij twarde końcówki szparagów i pokrój je na kawałki wielkości kęsa.
b) Szparagi gotuj na parze lub blanszuj do miękkości. Odcedzić i pozostawić do ostygnięcia.
c) W dużej misce wymieszaj ugotowaną komosę ryżową, posiekane świeże zioła, pokruszony ser feta, schłodzone szparagi i dowolne dodatki.
d) Skropić sokiem z cytryny i oliwą z oliwek extra virgin.
e) Dopraw solą i pieprzem do smaku.
f) Delikatnie wymieszaj, aby połączyć wszystkie składniki.
g) Podawaj sałatkę ze szparagami i komosą ryżową jako zdrowy i satysfakcjonujący posiłek.

73. Sałatka z homara, fety i ravioli

SKŁADNIKI:
NA SAŁATKĘ:
- 8 uncji gotowanego mięsa homara, posiekanego
- 8 uncji ravioli z gotowanym serem
- 1 szklanka pomidorków koktajlowych, przekrojonych na połówki
- 1 szklanka rukoli lub mieszanej sałaty
- ¼ szklanki czerwonej cebuli, pokrojonej w cienkie plasterki
- ¼ szklanki pokrojonych w plasterki czarnych oliwek
- ¼ szklanki pokruszonego sera feta
- Świeże liście bazylii do dekoracji

DO OPARTU:
- 3 łyżki oliwy z oliwek z pierwszego tłoczenia
- 1 łyżka soku z cytryny
- 1 łyżeczka musztardy Dijon
- 1 ząbek czosnku, posiekany
- Sól i pieprz do smaku

INSTRUKCJE:
a) Ugotuj ravioli zgodnie z instrukcją na opakowaniu. Odcedzić i odstawić do ostygnięcia.
b) W dużej misce wymieszaj posiekane mięso homara, ugotowane ravioli, pomidorki koktajlowe, rukolę lub mieszankę sałat, czerwoną cebulę i czarne oliwki. Delikatnie wymieszaj do połączenia.
c) W małej misce wymieszaj oliwę z oliwek, sok z cytryny, musztardę Dijon, mielony czosnek, sól i pieprz, aby przygotować sos.
d) Sosem polej sałatkę i mieszaj, aż wszystkie składniki pokryją się nią.
e) Posyp sałatkę pokruszonym serem feta i ponownie delikatnie wymieszaj.
f) Rozłóż sałatkę z homara i ravioli na talerzach.
g) Udekoruj listkami świeżej bazylii.
h) Sałatkę podawaj natychmiast jako lekki i orzeźwiający posiłek.

74. Sałatka Cezara z pieca opalanego drewnem

SKŁADNIKI:
SAŁATKA
- 2 całe sałaty klejnotowe, przekrojone wzdłuż na połówki
- 8 plastrów wędzonego boczku
- 2 uncje grzanek
- 2 uncje fety
- 2 cytryny, przekrojone na pół
- 2 łyżki parmezanu, startego

UBIERANIE SIĘ
- 1 ząbek czosnku, zmiażdżony
- 2 anchois, drobno posiekane
- 5 łyżek majonezu
- 1 łyżka białego octu winnego

INSTRUKCJE:
a) Do miski włóż wszystkie składniki dressingu i wymieszaj na gładką masę.
b) Rozgrzej patelnię Grizzler w piekarniku opalanym drewnem.
c) Wyjmij Grizzler z pieca opalanego drewnem i dodaj boczek na patelnię.
d) Piecz przez trzy minuty w piekarniku opalanym drewnem lub do momentu, aż boczek się zarumieni.
e) Zdejmij patelnię z ognia i połóż przekrojone na pół sałaty szlachetne i cytryny na bekonie na grillu Grizzler.
f) Gotuj przez 1 minutę w piekarniku lub do momentu, aż na spodniej stronie sałaty i cytryn pojawią się ślady grillowania.
g) Wyjmij zawartość patelni i połóż ją na naczyniu do serwowania.
h) Sałatę posyp pokruszoną fetą, obficie skrop dressingiem i garścią chrupiących grzanek.

75. Sałatka z hibiskusa Quinoa

SKŁADNIKI:

- 1 szklanka ugotowanej komosy ryżowej
- ½ filiżanka herbaty z hibiskusa (mocno zaparzonej i przestudzonej)
- 1 szklanka pomidorków koktajlowych, przekrojonych na połówki
- ½ szklanka ogórka, pokrojonego w kostkę
- ¼ szklanka czerwonej cebuli, drobno posiekanej
- ¼ szklanka pokruszonego sera feta
- 2 łyżki posiekanej świeżej natki pietruszki
- 2 łyżki soku z cytryny
- 2 łyżki oliwy z oliwek z pierwszego tłoczenia
- Sól i pieprz do smaku

INSTRUKCJE:

a) W dużej misce wymieszaj ugotowaną komosę ryżową, herbatę z hibiskusa, pomidorki koktajlowe, ogórek, czerwoną cebulę, pokruszony ser feta i posiekaną świeżą pietruszkę.
b) W małej misce wymieszaj sok z cytryny, oliwę z oliwek, sól i pieprz.
c) Sosem polej sałatkę z komosy ryżowej i delikatnie wymieszaj, aby połączyć.
d) Sałatkę odstawiamy na około 15 minut, aby smaki się połączyły. W razie potrzeby dostosuj przyprawę.
e) Podawaj sałatkę z komosy ryżowej z dodatkiem hibiskusa jako orzeźwiający dodatek lub dodaj grillowanego kurczaka, krewetki lub ciecierzycę, aby stworzyć kompletny posiłek.

76.Sałatka z arbuza i rzodkiewki Microgreens

SKŁADNIKI:
- 1 łyżka octu balsamicznego
- Sól dla smaku
- Garść mikrogreenów rzodkiewki
- 2 łyżki oliwy z oliwek, extra virgin
- 1 plasterek arbuza
- 2 łyżki posiekanych migdałów
- 20 g sera feta, pokruszonego

INSTRUKCJE:
a) Połóż arbuza na talerzu.
b) Na wierzchu arbuza rozłóż ser feta i migdały.
c) Skrop je oliwą z pierwszego tłoczenia i octem balsamicznym.
d) Dodaj mikrogreeny na wierzch.

77.Sałatka Grecka Ravioli

SKŁADNIKI:
- 1 opakowanie ravioli ze szpinakiem i fetą
- 1 szklanka ogórka, pokrojonego w kostkę
- 1 szklanka pomidorków koktajlowych, przekrojonych na połówki
- ½ szklanki oliwek Kalamata, wypestkowanych i przekrojonych na połówki
- ¼ szklanki czerwonej cebuli, pokrojonej w cienkie plasterki
- ¼ szklanki pokruszonego sera feta
- 2 łyżki soku z cytryny
- 2 łyżki oliwy z oliwek z pierwszego tłoczenia
- 1 łyżka świeżego koperku, posiekanego
- Sól i pieprz do smaku

INSTRUKCJE:
a) Ugotuj ravioli ze szpinakiem i fetą zgodnie z instrukcją na opakowaniu. Odcedzić i pozostawić do ostygnięcia.
b) W dużej misce wymieszaj ugotowane ravioli, ogórek, pomidorki koktajlowe, oliwki Kalamata, czerwoną cebulę i pokruszony ser feta.
c) W osobnej małej misce wymieszaj sok z cytryny, oliwę z oliwek z pierwszego tłoczenia, świeży koperek, sól i pieprz, aby przygotować sos.
d) Sosem polej sałatkę i wymieszaj.
e) Sałatkę grecką z ravioli podawaj schłodzoną.

78. Sałatka Miętowa Arbuzowa

SKŁADNIKI:
- 4 szklanki pokrojonego w kostkę arbuza
- ¼ szklanki pokruszonego sera feta
- ¼ szklanki posiekanych świeżych liści mięty
- 2 łyżki glazury balsamicznej
- Sól i pieprz do smaku

INSTRUKCJE:
a) W dużej misce wymieszaj pokrojony w kostkę arbuz, pokruszony ser feta i posiekane liście mięty.
b) Sałatkę polej glazurą balsamiczną i dopraw solą i pieprzem do smaku.
c) Sałatkę z arbuza podawaj schłodzoną.
d) Cieszyć się!

79. Sałatka z miętą i pomarańczą

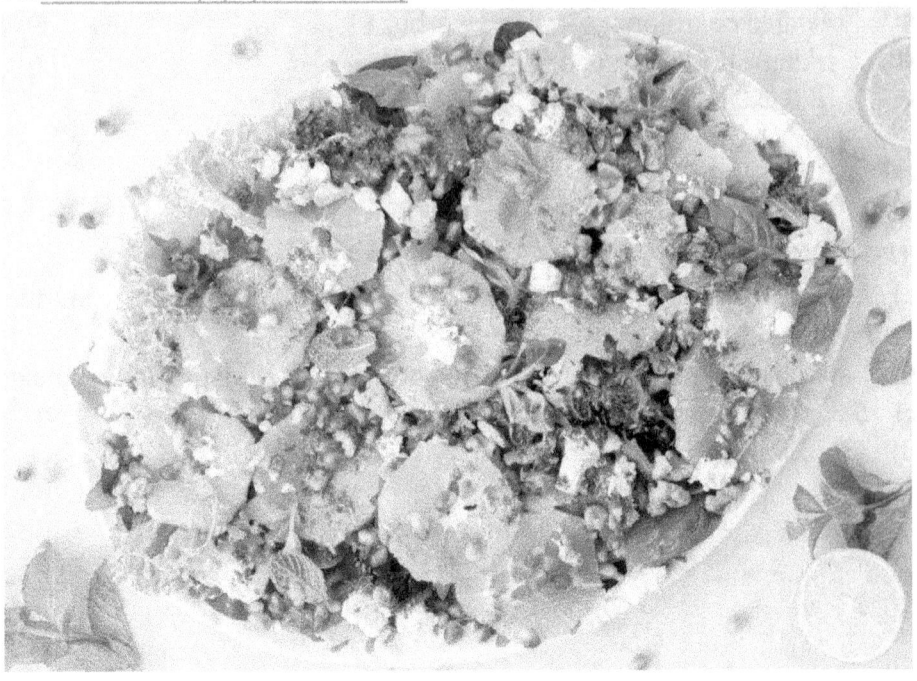

SKŁADNIKI:
- 4 szklanki mieszanej sałaty zielonej
- 2 pomarańcze, obrane i pokrojone w plasterki
- ¼ szklanki pokruszonego sera feta
- ¼ szklanki posiekanych świeżych liści mięty
- 2 łyżki oliwy z oliwek
- 2 łyżki soku pomarańczowego
- Sól i pieprz do smaku

INSTRUKCJE:
a) W dużej misce wymieszaj mieszankę sałat, pokrojone pomarańcze, pokruszony ser feta i posiekane liście mięty.
b) W osobnej misce wymieszaj oliwę z oliwek, sok pomarańczowy, sól i pieprz, aż dobrze się połączą.
c) Sosem polej sałatkę i wymieszaj.
d) Natychmiast podawaj sałatkę z miętą i pomarańczą.
e) Cieszyć się!

80. Sałatka z suszonych pomidorów i fety

SKŁADNIKI:
- 4 szklanki mieszanych warzyw
- ½ szklanki posiekanych suszonych pomidorów
- ½ szklanki pokruszonego sera feta
- ¼ szklanki pokrojonej w plasterki czerwonej cebuli
- ¼ szklanki posiekanych migdałów
- Sól i pieprz do smaku
- Ocet balsamiczny

INSTRUKCJE:
a) W dużej misce wymieszaj mieszankę warzyw, posiekane suszone pomidory, pokruszony ser feta, pokrojoną w plasterki czerwoną cebulę i pokrojone migdały.
b) Dopraw solą i pieprzem do smaku.
c) Sałatkę skrop balsamicznym winegretem i wymieszaj.
d) Natychmiast podawaj.

81. Sałatka grecka z makaronem i serem

SKŁADNIKI:
- 1 pudełko makaronu i sera
- ½ szklanki posiekanego ogórka
- ½ szklanki posiekanych pomidorków koktajlowych
- ¼ szklanki pokruszonego sera feta
- ¼ szklanki posiekanych oliwek kalamata
- ¼ szklanki posiekanej czerwonej cebuli
- 2 łyżki oliwy z oliwek
- 1 łyżka octu z czerwonego wina
- Sól i pieprz do smaku

INSTRUKCJE:
a) Ugotuj makaron i ser zgodnie z instrukcjami na pudełku. Pozwól ostygnąć.
b) W osobnej misce wymieszaj posiekany ogórek, posiekane pomidorki koktajlowe, pokruszony ser feta, posiekane oliwki kalamata, posiekaną czerwoną cebulę, oliwę z oliwek, ocet winny z czerwonego wina, sól i pieprz.
c) Dodaj schłodzony makaron i ser i mieszaj, aż wszystko będzie równomiernie pokryte.

82. Sałatka z grillowanego arbuza

SKŁADNIKI:
- 4 grube plasterki arbuza, pozbawione skórki
- 4 szklanki rukoli
- ½ szklanki pokruszonego sera feta
- ¼ szklanki posiekanych liści mięty
- ¼ szklanki glazury balsamicznej

INSTRUKCJE:
a) Rozgrzej grill do wysokiej temperatury.
b) Grilluj plastry arbuza przez 1-2 minuty z każdej strony, aż się lekko zwęgli.
c) Na półmisku ułożyć rukolę.
d) Na wierzch połóż grillowane plastry arbuza, pokruszony ser feta i posiekane liście mięty.
e) Skropić glazurą balsamiczną i podawać.

83. Sałatka z grillowanych brzoskwiń i rukoli

SKŁADNIKI:
- 3 brzoskwinie, przekrojone na połówki i wypestkowane
- 4 szklanki rukoli
- ¼ szklanki posiekanej świeżej mięty
- ¼ szklanki pokruszonego sera feta
- 2 łyżki octu balsamicznego
- 2 łyżki oliwy z oliwek
- Sól i czarny pieprz

INSTRUKCJE:
a) Rozgrzej grill na średnio-wysokim ogniu.
b) Posmaruj połówki brzoskwiń oliwą z oliwek, dopraw solą i czarnym pieprzem.
c) Grilluj połówki brzoskwiń przez 2-3 minuty z każdej strony lub do momentu pojawienia się śladów grillowania.
d) Zdjąć z grilla i ostudzić.
e) Grillowane brzoskwinie pokroić na kawałki wielkości kęsa.
f) W dużej misce wymieszaj rukolę, grillowane kawałki brzoskwiń, posiekaną miętę i pokruszony ser feta.
g) W małej misce wymieszaj ocet balsamiczny i oliwę z oliwek.
h) Sałatkę skrop balsamicznym winegretem i wymieszaj.
i) Dopraw solą i czarnym pieprzem do smaku.
j) Natychmiast podawaj.

84. Sałatka z smoczych owoców i komosy ryżowej

SKŁADNIKI:

- 1 smoczy owoc
- 2 szklanki ugotowanej komosy ryżowej
- ½ szklanki pokruszonego sera feta
- ½ szklanki posiekanego ogórka
- ½ szklanki posiekanych pomidorków koktajlowych
- 2 łyżki posiekanej świeżej mięty
- 2 łyżki oliwy z oliwek
- 1 łyżka miodu
- Sól i pieprz do smaku

INSTRUKCJE:

a) Smoczy owoc przekrój na pół i wydrąż miąższ.
b) W dużej misce wymieszaj komosę ryżową, ser feta, ogórek, pomidorki koktajlowe i miętę.
c) W osobnej misce wymieszaj oliwę, miód, sól i pieprz.
d) Dodaj sos do mieszanki komosy ryżowej, aż dobrze się połączy.
e) Złóż miąższ owocu smoka.
f) Podawać schłodzone na sałacie lub mieszance warzyw.

85. Sałatka Truskawkowa Amaretto

SKŁADNIKI:

- 4 szklanki szpinaku baby
- 1 litr świeżych truskawek, pokrojonych w plasterki
- ¼ szklanka posiekanych migdałów
- ¼ szklanka pokruszonego sera feta
- 2 łyżki octu balsamicznego
- 1 łyżka miodu
- 1 łyżka likieru amaretto

INSTRUKCJE:

a) W dużej misce połącz młody szpinak, pokrojone truskawki, pokrojone migdały i pokruszony ser feta.
b) W osobnej misce wymieszaj ocet balsamiczny, miód i likier amaretto.
c) Sosem polej sałatkę i delikatnie wymieszaj, aby składniki się połączyły.

86.Sałatka Grecka Wonton

SKŁADNIKI:
- 4 szklanki mieszanych warzyw
- 1/4 szklanki pokruszonego sera feta
- 1/4 szklanki pokrojonych w plasterki oliwek Kalamata
- 1/4 szklanki pokrojonego w plasterki ogórka
- 1/4 szklanki pokrojonego w kostkę pomidora
- 8 opakowań wontonów, usmażonych i posiekanych

UBIERANIE SIĘ:
- 2 łyżki czerwonego octu winnego
- 1 łyżka oliwy z oliwek
- 1 ząbek czosnku, posiekany
- 1/2 łyżeczki suszonego oregano
- Sól i pieprz do smaku

INSTRUKCJE:

a) W dużej misce połącz mieszankę warzyw, pokruszony ser feta, pokrojone oliwki Kalamata, pokrojony ogórek i pokrojony w kostkę pomidor.

b) W małej misce wymieszaj ocet winny, oliwę z oliwek, posiekany czosnek, suszone oregano, sól i pieprz, aby przygotować sos.

c) Sosem polej sałatkę i wymieszaj.

d) Posyp posiekanymi smażonymi wontonami.

e) Natychmiast podawaj.

87. Sałatka Pietruszkowo-Ogórkowa Z Fetą

SKŁADNIKI:

- 1 łyżka melasy z granatów
- 1 łyżka octu z czerwonego wina
- ¼ łyżeczki soli kuchennej
- ⅛ łyżeczki pieprzu
- Szczypta pieprzu cayenne
- 3 łyżki oliwy z oliwek extra virgin
- 3 szklanki świeżych liści pietruszki
- 1 Ogórek angielski przekrojony wzdłuż na pół i pokrojony w cienkie plasterki
- 1 szklanka orzechów włoskich, prażonych i grubo posiekanych, podzielona
- 1 szklanka nasion granatu, podzielona
- 4 uncje sera feta, pokrojonego w cienkie plasterki

INSTRUKCJE:

a) W dużej misce wymieszaj melasę z granatów, ocet, sól, pieprz i cayenne. Ciągle ubijając, powoli wlewaj olej aż do uzyskania emulsji.

b) Dodaj pietruszkę, ogórek, ½ szklanki orzechów włoskich i ½ szklanki nasion granatu i wymieszaj. Dopraw solą i pieprzem do smaku.

c) Przenieś na półmisek i posyp fetą, pozostałymi ½ szklanki orzechów włoskich i pozostałymi ½ szklanki nasion granatu.

d) Podawać.

88. Sałatka Jesienna Z Jagodami Goji

SKŁADNIKI:
NA SAŁATKĘ:
- 1 opakowanie 5 uncji szpinaku baby
- 5 uncji sera Feta w kawałkach
- ¾ szklanki połówek orzechów pekan
- 1 Zielone jabłko Granny Smith pokrojone w plasterki i wydrążone
- Opakowanie 2 uncji jagód Goji

DO OPARTU:
- ¼ szklanki EVOO
- ¼ szklanki octu jabłkowego
- ¼ szklanki miodu
- ¼ łyżeczki soli morskiej
- ¼ łyżeczki pieprzu

INSTRUKCJE:
a) Do dużej miski sałatkowej dodaj szpinak i posyp fetą, orzechami pekan, jabłkiem i jagodami Goji.
b) W małym szklanym słoiczku dodaj EVOO, ocet jabłkowy, miód, sól i pieprz.
c) Załóż słoik na pokrywkę i energicznie potrząsaj, aż masa się rozpuści.
d) Sosem polej sałatkę.
e) Cieszyć się!

PRZYPRAWY I DODATKI

89.Załadowane frytki greckie

SKŁADNIKI:
- 4 duże rdzawe ziemniaki
- Olej roślinny do smażenia
- Sól dla smaku
- 1 szklanka sosu tzatziki
- ½ szklanki pokruszonego sera feta
- Pokrojone oliwki Kalamata
- Ogórki pokrojone w kostkę
- Posiekany świeży koperek

INSTRUKCJE:

a) Przygotuj klasyczne domowe frytki.
b) Gdy frytki się usmażą, przełóż je na półmisek i posyp solą.
c) Frytki obficie polewamy sosem tzatziki.
d) Na wierzch posypujemy pokruszonym serem feta.
e) Na załadowanych frytkach rozłóż pokrojone w plasterki oliwki Kalamata i pokrojone w kostkę ogórki.
f) Udekoruj posiekanym świeżym koperkiem.
g) Podawaj natychmiast i ciesz się aromatycznym, naładowanym greckim daniem

90. Karczochy jerozolimskie z granatem

SKŁADNIKI:

- 500g karczochów jerozolimskich
- 3 łyżki oliwy z oliwek z pierwszego tłoczenia
- 1 łyżeczka nasion czarnuszki
- 2 łyżki orzeszków piniowych
- 1 łyżka miodu
- 1 granat przekrojony wzdłuż na pół
- 3 łyżki melasy z granatów
- 3 łyżki fety, pokruszonej
- 2 łyżki posiekanej natki pietruszki płaskolistnej
- Sól i czarny pieprz

INSTRUKCJE:

a) Rozgrzej piekarnik do 200°C/400°F/gaz gazowy 6. Dobrze wyszoruj karczochy, a następnie przekrój je na połówki lub ćwiartki, w zależności od wielkości. Ułóż je na dużej blasze do pieczenia w jednej warstwie i skrop 2 łyżkami oleju. Dobrze dopraw solą i pieprzem, a następnie posyp nasionami czarnuszki. Piecz przez 20 minut lub do momentu, aż brzegi będą chrupiące. Dodaj orzeszki piniowe i miód do karczochów na ostatnie 4 minuty gotowania.

b) W międzyczasie rozgnieć nasiona granatu. Używając dużej miski i ciężkiej drewnianej łyżki, uderzaj w bok każdej połówki granatu, aż wyskoczą wszystkie nasiona. Usuń wszelki rdzeń. Sok wlać do małej miski, dodać syrop z granatów i pozostałą oliwę z oliwek. Mieszaj razem aż do połączenia.

c) Gdy karczochy i orzeszki piniowe będą gotowe, wyłóż je na talerz posypany nasionami. Całość polej sosem i na koniec posyp fetą i natką pietruszki.

91. Serowe pesto z karczochów

SKŁADNIKI:

- 2 szklanki świeżych liści bazylii
- 2 łyżki pokruszonego sera feta
- ¼ szklanki świeżo startego parmezanu ¼ szklanki prażonych orzeszków piniowych
- 1 serce karczocha, grubo posiekane
- 2 łyżki posiekanych suszonych pomidorów z oleju
- ½ szklanki oliwy z oliwek z pierwszego tłoczenia
- 1 szczypta soli i czarnego pieprzu do smaku

INSTRUKCJE:

a) W dużym robocie kuchennym dodaj wszystkie składniki oprócz oleju i przypraw, a następnie pulsuj, aż się połączą.
b) Gdy silnik pracuje powoli, dodaj olej i pulsuj, aż silnik będzie gładki.
c) Dopraw solą i czarnym pieprzem i podawaj.

92.Szpinak i ziemniaki

SKŁADNIKI:

- 4 średnie, rdzawe ziemniaki, umyte
- 1 łyżka oregano
- 1 łyżka oliwy z oliwek, extra virgin
- 3 ząbki czosnku, zmiażdżone
- 1 łyżeczka soli koszernej
- ⅓ szklanki jasnego serka śmietankowego
- 1 szklanka cebuli, pokrojonej w kostkę
- 1 łyżeczka mielonego pieprzu
- 1-funtowy szpinak, posiekany
- 1 szklanka pokruszonego sera feta

INSTRUKCJE:

a)   Rozgrzej piekarnik do 400 stopni F.
b)   Piec bezpośrednio na środkowej półce do miękkości, od 50 do 60 minut.
c)   W rondlu rozgrzej olej.
d)   Dodaj cebulę i smaż, aż cebula będzie miękka, 3 minuty.
e)   Dodać szpinak, czosnek i oregano.
f)   Gotuj, ciągle mieszając, aż mieszanina będzie gorąca, około 4 minut.
g)   Na patelni o wymiarach 9 x 13 cali ułóż skórki ziemniaków.
h)   Zmiksuj serek śmietankowy, pieprz i sól za pomocą ręcznego blendera.
i)   Wymieszaj mieszaninę szpinaku i ½ szklanki fety. Napełnij każdą skórkę ziemniaka około ¾ szklanki nadzienia. Posyp pozostałą 1 łyżką fety na wierzchu.
j)   Piec, aż polewa zacznie dymić, a feta będzie złotobrązowa, od 25 do 35 minut.

DESER

93. Arbuz i mikrozielone Verrines

SKŁADNIKI:

- 1-½ łyżeczki niesmakowanej żelatyny w proszku
- ½ szklanki miodu
- 1 łyżka posiekanej świeżej mięty
- Sól koszerna
- 1 dojrzała gruszka, np. czerwona Anjou
- 1 łyżka świeżego soku z cytryny
- 2 mini ogórki przekrojone wzdłuż na pół i pokrojone w półksiężyce
- 4 uncje fety, pokrojonej w ¼-calową kostkę
- 2 szklanki ⅓-calowego arbuza pokrojonego w kostkę
- ¼ szklanki mikrogreenów lub małych liści rukoli

INSTRUKCJE:

a) Do małej miski wlej wodę, posyp ją żelatyną i odstaw.
b) Rozpuść miód w rondlu o pojemności 1 litra na średnim ogniu. Dodać żelatynę i mieszać do rozpuszczenia.
c) Dodaj sól i miętę.
d) Wlać do 8-calowego kwadratowego naczynia do pieczenia i przechowywać w lodówce do twardości, od 1 do 2 godzin.
e) Do 1 dnia przed podaniem gruszkę przekrój na połówki i wydrąż gniazda nasienne; pokrój 8 cienkich wzdłużnych plastrów do dekoracji, a resztę pokrój w ¼-calowe kostki.
f) W małej misce wymieszaj gruszkę (pokrojoną w plasterki i kostkę) z sokiem z cytryny i ¼ łyżeczki soli.
g) W innej misce wymieszaj ogórek z solą.
h) Pokrój żelatynę w kwadraty o średnicy ¼ cala i wyjmij ją z naczynia do pieczenia za pomocą przesuniętej szpatułki.
i) Rozłóż równomiernie pokrojoną w kostkę gruszkę, następnie ogórki, żelatynę, fetę i arbuza w ośmiu szklankach z płaskim dnem o pojemności od 8 do 10 uncji.
j) Na każdym ułóż plasterek gruszki i wstaw do lodówki, aż ostygnie, co najmniej 20 minut.
k) Udekoruj mikrogreenami tuż przed podaniem.

94. Microgreen nadziewana Spanakopita

SKŁADNIKI:
- 1 rolka ciasta filo
- 8 uncji mrożonego szpinaku (rozmrożonego)
- 4 uncje pokruszonego sera feta
- 2 łyżki posiekanej cebuli
- 1 duże jajko
- ⅛ łyżeczki soli koszernej
- ⅛ łyżeczki mielonej gałki muszkatołowej
- 1 kostka niesolonego masła
- 1 Kołdra z nasionami Microgreen z całego jarmużu
- Udekoruj: mikroliście i sól do smaku

INSTRUKCJE:
a) Rozgrzej piekarnik do 375 stopni. Wyciśnij nadmiar wody z rozmrożonego szpinaku.
b) Dodaj szpinak do miski z mikrogreenami, fetą, jajkiem, solą, gałką muszkatołową, cebulą, solą i pieprzem. Mieszaj do połączenia.
c) Rozpuść masło w małym rondlu i przygotuj pędzelek do ciasta.
d) Po rozwałkowaniu ciasta filo każdy arkusz przekrój ostrym nożem pionowo na pół, tak aby powstały dwa zestawy prostokątów.
e) Posmaruj górny arkusz filo masłem i połóż na płaskiej powierzchni.
f) Na wierzch połóż kolejny arkusz filo.
g) Jeszcze raz posmaruj masłem.
h) Powtórz proces z trzecim arkuszem, aby utworzyć trzy warstwy.
i) Na róg ciasta filo nałóż dwie duże łyżki nadzienia.
j) Weź ten róg i nad nadzieniem złóż go, tworząc trójkąt.
k) Wciśnij nadzienie w trójkąt, aby równomiernie je rozprowadzić.
l) Wierzch należy posmarować niewielką ilością masła.
m) Złóż ciasto raz po raz, aż otrzymasz jedną małą trójkątną paczkę.
n) Powtarzaj proces, układając nadziewane arkusze ciasta filo na blasze do pieczenia i przykrywając je ręcznikiem kuchennym, aż wykorzystasz wszystkie nadzienia.
o) Całość posmaruj masłem wierzch spanakopity.
p) Włóż do piekarnika i piecz przez 20 minut lub do momentu, aż będą chrupiące i złocistobrązowe.
q) Gdy wszystko będzie gotowe, posyp je świeżymi mikrogreenami i odrobiną soli do smaku.

95. Ciasto Garnkowe w stylu Libańskim

SKŁADNIKI:

- 3 łyżki rozgniecionego czosnku
- ¼ szklanki pokruszonego ziołowego sera feta
- 1 żółtko
- 1 zamrożony arkusz ciasta francuskiego, rozmrożony i przekrojony na pół
- 2 szklanki posiekanego świeżego szpinaku
- 2 połówki piersi kurczaka bez kości i skóry
- 2 łyżki pesto bazyliowego
- 1/3 szklanki posiekanych suszonych pomidorów

INSTRUKCJE:S

a)   Zanim zrobisz cokolwiek innego, ustaw piekarnik na 375 stopni F.
b)   Posmaruj piersi kurczaka mieszanką rozgniecionego czosnku i żółtka w szklanym naczyniu, a następnie przykryj je folią i włóż do lodówki na co najmniej cztery godziny.
c)   Połóż ½ szpinaku na środku połowy ciasta, połóż na nim jeden kawałek piersi kurczaka, dodaj 1 łyżkę pesto, suszone pomidory, ser feta i resztę szpinaku.
d)   Całość zawijamy drugą połową ciasta.
e)   Powtórz te same kroki dla pozostałych kawałków piersi.
f)   Umieść to wszystko na naczyniu do pieczenia.
g)   Piec w nagrzanym piekarniku przez około 40 minut lub do momentu, aż kurczak będzie miękki.
h)   Podawać.

96. Chrupki ze szpinakiem i fetą

SKŁADNIKI:
- 1 arkusz ciasta francuskiego, rozmrożonego
- 1 szklanka świeżego szpinaku, posiekanego
- ½ szklanki pokruszonego sera feta
- ¼ szklanki posiekanych suszonych pomidorów
- 1 jajko, ubite
- Sól i pieprz do smaku

INSTRUKCJE:
a) Rozgrzej piekarnik do 400°F (200°C).
b) Na lekko posypanej mąką powierzchni rozwałkuj ciasto francuskie na grubość około ¼ cala.
c) Ciasto francuskie pokroić na 9 równych kwadratów.
d) W misce wymieszaj szpinak, ser feta, suszone pomidory, sól i pieprz.
e) Na każdy kwadrat ciasta francuskiego nałóż około 1 łyżkę stołową mieszanki szpinakowej.
f) Złóż rogi ciasta francuskiego w górę i nad nadzieniem, dociskając krawędzie do siebie, aby je uszczelnić.
g) Każde ciasto francuskie posmaruj roztrzepanym jajkiem.
h) Piec przez 15-20 minut, aż uzyska złoty kolor.

97. Fondue z serem feta i ricottą

SKŁADNIKI:

- 3 łyżki masła lub margaryny
- 4 uncje sera Feta, pokrojonego w kostkę
- ⅛ łyżeczki pieprzu czarnego
- 1 Cytryna, sok z
- 1 łyżka natki pietruszki, posiekanej
- 1 szklanka sera ricotta

INSTRUKCJE:

a) Rozpuść masło na ciężkiej 8-calowej patelni lub w 1-litrowym rondlu na małym ogniu.
b) Dodać ser feta i ricotta oraz pieprz. Gotuj, ciągle mieszając i lekko rozgniatając sery, aż zmiękną i zaczną bulgotać – około 5 minut.
c) Dodać sok z cytryny i ewentualnie udekorować natką pietruszki. Podawać od razu; gdy fondue ostygnie, traci smak.

98. Ciasto Ziołowe

SKŁADNIKI:

- 2 łyżki oliwy z oliwek, plus dodatkowa ilość do posmarowania ciasta
- 1 duża cebula, pokrojona w kostkę
- 500 g boćwiny, łodygi i liście drobno posiekane
- 150 g selera, pokrojonego w cienkie plasterki
- 1¾ uncji / 50 g posiekanej zielonej cebuli
- 1¾ uncji / 50 g rukoli
- 30 g posiekanej natki pietruszki płaskolistnej
- 30 g mięty, posiekanej
- ¾ uncji / 20 g koperku, posiekanego
- 120 g sera anari lub ricotta, pokruszonego
- 100 g dojrzałego sera Cheddar, startego
- 60 g sera feta, pokruszonego
- otarta skórka z 1 cytryny
- 2 duże jajka z wolnego wybiegu
- ⅓ łyżeczki soli
- ½ łyżeczki świeżo zmielonego czarnego pieprzu
- ½ łyżeczki drobnego cukru
- 250 g ciasta filo

INSTRUKCJE:

a) Rozgrzej piekarnik do 200°C/400°F. Wlać oliwę z oliwek do dużej, głębokiej patelni ustawionej na średnim ogniu. Dodaj cebulę i smaż przez 8 minut, nie rumieniąc się. Dodaj łodygi boćwiny i seler i kontynuuj smażenie przez 4 minuty, od czasu do czasu mieszając. Dodaj liście boćwiny, zwiększ ogień do średnio-wysokiego i mieszaj, gotując przez 4 minuty, aż liście zwiędną. Dodaj zieloną cebulę, rukolę i zioła i smaż jeszcze 2 minuty. Zdejmij z ognia i przełóż na durszlak, aby ostygł.

b) Gdy masa ostygnie, odciśnij jak najwięcej wody i przełóż ją do miski. Dodać trzy sery, skórkę z cytryny, jajka, sól, pieprz i cukier i dobrze wymieszać.

c) Rozłóż arkusz ciasta filo i posmaruj go odrobiną oliwy z oliwek.

d) Przykryj innym arkuszem i kontynuuj w ten sam sposób, aż uzyskasz 5 warstw filo posmarowanych olejem, wszystkie pokrywające obszar wystarczająco duży, aby wyłożyć boki i spód formy do ciasta o średnicy 8½ cala / 22 cm plus dodatkowa ilość do powieszenia nad brzegiem.

e) Formę do ciasta wyłóż ciastem, napełnij mieszanką ziół i złóż nadmiar ciasta na krawędzi nadzienia, w razie potrzeby przycinając ciasto, aby utworzyć brzeg o szerokości 2 cm.

f) Uformuj kolejny zestaw 5 warstw filo posmarowanych olejem i połóż je na cieście.

g) Ciasto lekko zgnieć, aby uzyskać falisty, nierówny wierzch i przytnij krawędzie tak, aby tylko zakrywało ciasto. Posmaruj obficie oliwą z oliwek i piecz przez 40 minut, aż filo nabierze ładnego złotobrązowego koloru.

h) Wyjmij z piekarnika i podawaj na ciepło lub w temperaturze pokojowej.

99. Bureki

SKŁADNIKI:
- 500 g najwyższej jakości ciasta francuskiego maślanego
- 1 duże ubite jajko z wolnego wybiegu

NADZIENIE Z RICOTTY
- ¼ szklanki / 60 g twarogu
- ¼ szklanki / 60 g sera ricotta
- ⅔ szklanki / 90 szt. pokruszonego sera feta
- 2 łyżeczki / 10 g roztopionego niesolonego masła

NADZIENIE PECORINO
- 3½ łyżki / 50 g serka ricotta
- ⅔ szklanki / 70 g tartego dojrzewającego sera pecorino
- ⅓ szklanki / 50 g startego dojrzewającego sera Cheddar
- 1 por pokrojony w 5-centymetrowe segmenty, blanszowany do miękkości i drobno posiekany (w sumie ¾ szklanki / 80 g)
- 1 łyżka posiekanej natki pietruszki płaskolistnej
- ½ łyżeczki świeżo zmielonego czarnego pieprzu

POSIEW
- 1 łyżeczka nasion czarnuszki
- 1 łyżeczka nasion sezamu
- 1 łyżeczka nasion gorczycy żółtej
- 1 łyżeczka nasion kminku
- ½ łyżeczki płatków chili

INSTRUKCJE:
a) Ciasto rozwałkować na dwa kwadraty o średnicy 30 cm każdy i grubości 3 mm. Ułóż arkusze ciasta na wyłożonej pergaminem blasze do pieczenia – mogą układać się jeden na drugim, umieszczając pomiędzy nimi arkusz pergaminu – i pozostaw w lodówce na 1 godzinę.

b) Każdy zestaw składników nadzienia umieść w osobnej misce. Wymieszaj i odłóż na bok. Wszystkie nasiona wymieszaj w misce i odłóż na bok.

c) Pokrój każdy arkusz ciasta na kwadraty o boku 10 cm; powinieneś otrzymać w sumie 18 kwadratów. Podzielić pierwsze nadzienie równomiernie na połowę kwadratów, nakładając je łyżką na środek każdego kwadratu. Posmaruj jajkiem dwie sąsiednie krawędzie każdego kwadratu, a następnie złóż kwadrat na pół, tworząc trójkąt. Wypuść całe powietrze i mocno ściśnij boki. Chcesz bardzo dobrze docisnąć krawędzie, aby nie otworzyły się podczas gotowania. Powtórzyć z pozostałymi kwadratami ciasta i drugim nadzieniem. Ułożyć na blaszce wyłożonej pergaminem i wstawić do lodówki na co najmniej 15 minut, żeby stwardniało. Rozgrzej piekarnik do 220°C/425°F.

d) Posmaruj dwa krótkie brzegi każdego ciasta jajkiem i zanurz je w mieszance nasion; wystarczy niewielka ilość nasion o szerokości zaledwie ⅙ cala / 2 mm, ponieważ są one dość dominujące. Wierzch każdego ciasta posmaruj również odrobiną jajka, unikając nasion.

e) Upewnij się, że ciasta są rozmieszczone w odległości około 1¼ cala / 3 cm.

f) Piec przez 15 do 17 minut, aż całe ciasto będzie złociste. Podawać na ciepło lub w temperaturze pokojowej.

g) Jeśli podczas pieczenia część nadzienia wyleje się z ciastek, po prostu delikatnie włóż je z powrotem, gdy wystygną na tyle, że będzie można je unieść.

100. Śródziemnomorska tarta serowa

SKŁADNIKI:
- 8 arkuszy mrożonego ciasta filo; rozmrożone
- ¼ szklanki masła; stopiony
- ¼ szklanki parmezanu; tarty
- ½ szklanki cebuli; posiekana
- 1 łyżeczka świeżego rozmarynu; obcięty
- ¼ łyżeczki suszonego rozmarynu, rozgniecionego)
- 1 łyżka oliwy z oliwek
- 5 uncji mrożonego posiekanego szpinaku; rozmrożone
- ⅓ szklanki prażonych orzeszków piniowych lub orzechów włoskich
- 1 jajko
- 1 szklanka sera ricotta
- ½ szklanki sera Feta; rozdrobniony
- ¼ szklanki oleju suszonych pomidorów; osuszony
- ¼ łyżeczki Grubo mielonego pieprzu
- 1 łyżka sera parmezan; tarty

INSTRUKCJE:

a) Rozłóż filo; przykryj folią lub wilgotnym ręcznikiem, aby zapobiec wyschnięciu. Na suchej powierzchni roboczej połóż jeden arkusz filo; posmaruj masłem.

b) Na wierzch ułóż kolejny arkusz filo, posmaruj masłem i posyp 1 łyżką parmezanu. Powtórz tę czynność z pozostałymi arkuszami filo, masłem i parmezanem. Za pomocą nożyczek kuchennych przytnij filo w okrąg o średnicy 11 cali.

c) Na przygotowaną patelnię równomiernie włóż filo, zakładając w razie potrzeby i uważając, aby nie podrzeć filo. Przykryj patelnię wilgotnym ręcznikiem; odłożyć na bok.

d) Do nadzienia: podsmaż cebulę i rozmaryn na oliwie z oliwek w średnim rondlu, aż cebula będzie miękka. Wymieszaj szpinak i orzeszki piniowe (lub orzechy włoskie).

e) Rozsmarować na wyłożonej filo tortownicy. Odłożyć na bok.

f) Lekko ubij jajko w średniej misce. Wymieszaj ricottę, fetę, pomidory i pieprz. Ostrożnie rozsmaruj na mieszance szpinaku. Posypać 1 łyżką parmezanu.

g) Formę do pieczenia umieść na płytkiej blasze do pieczenia ustawionej na ruszcie piekarnika. Piec w piekarniku nagrzanym na 350 stopni przez 35 do 40 minut lub do momentu, gdy po potrząśnięciu środek będzie prawie gotowy.

h) Ostudzić tartę w formie sprężynowej na metalowej kratce przez 5 minut. Poluzuj boki patelni. Schłodzić jeszcze 15 do 30 minut. Przed podaniem zdejmij boki tortownicy. Podawać na ciepło.

WNIOSEK

Mamy nadzieję, że zbliżając się do końca tej kulinarnej podróży, przepisy i wiedza zawarta w tej książce kucharskiej pobudziły Twoją wyobraźnię i otworzyły kubki smakowe na cuda sera feta. Wszechstronność fety nie zna granic, dlatego zachęcamy Cię do dalszego eksperymentowania z tym ukochanym składnikiem we własnej kuchni.

Niezależnie od tego, czy kruszysz fetę na świeżej letniej sałatce, topisz ją w kremowym sosie do makaronu, czy też dodajesz zaskakujący akcent do słodkiej uczty, pamiętaj, że świat sera feta to Twoja ostryga. Pozwól, aby Twoja kreatywność poprowadziła Cię podczas odkrywania nowych smaków, tekstur i kombinacji.

Mamy nadzieję, że „Fromage Fantasia: Najlepsza książka kucharska z serem feta" zainspirowała Cię do wykorzystania magii fety i wyruszenia w niezliczoną ilość pysznych przygód. Niezależnie od tego, czy jesteś doświadczonym kucharzem, czy zapalonym miłośnikiem jedzenia, niech ta książka kucharska będzie źródłem inspiracji i radości, gdy będziesz nadawać swoim potrawom wyrazisty charakter sera feta.

Zbierz więc składniki, uwolnij swojego wewnętrznego szefa kuchni i pozwól, aby urzekający smak fety przeniósł Cię na skąpane w słońcu wybrzeża Morza Śródziemnego. Z każdym kęsem delektuj się radością odkrywania nowych kulinarnych możliwości i dzielenia się pysznymi posiłkami z bliskimi. Miłego gotowania!

www.ingramcontent.com/pod-product-compliance
Lightning Source LLC
LaVergne TN
LVHW021703060526
838200LV00050B/2487